ブランドン・ベイズ 著
Brandon Bays

カーンドーフ・さやか 訳
Sayaka Carndorf

心の自由を探す旅

Freedom Is: Liberating Your Boundless Potential

あなたの中にある〈聖なる本質《グレース》〉を求めて

ハート出版

すべての命の中に満ちあふれる
限りないグレースの恵みへ感謝を込めて

序文に寄せて

――山川 亜希子（翻訳家）

ブランドン・ベイズさんの新しい本に出会って、とてもうれしく思っています。私たちの人生にとって大切なことが、分かりやすく、心にしみる数々のエピソードを添えて書かれていて、多くの人に読んでほしいと思いました。

私が彼女を知ったのは二〇〇八年のことです。当時、私はめまいや鬱状態になるなど、心身ともに不調をきたしていました。命にかかわったり、寝込んだりする病気ではないものの、毎日がつらく、これから自分がどのようになるのか、不安でした。ただ、この不調の意味するところはなんとなく分かっていました。それまで、「ま、いいか」と思ってそのままにしていたネガティブな感情や考え方を捨てるために、自分で引き寄せた病気だったのです。その証拠に、眼科、耳鼻科、内科などのお医者様にいくら通っても、いろいろな薬を処方していただいても、一向に良くなりませんでした。それどころか、薬を使えば使うほど、状態は悪化してゆきました。いよいよ、心の問題と向き合うことが必要になり、何か良いワークショップなどはないだろうかと、探し始めました。

そんな時にダイナビジョンを通して知ったのが、〈ジャーニー〉と言うワークでした。このワークの短い紹介文を読んだとたん、「これだ」と思いました。そして日本で初めてブランドンが行ったジャーニーのワークショップに参加しました。参加する前に、ブランドンの名著、『癒しへの旅』(PHP研究所)を読みました。その中に彼女の体験談がありました。おなかにバスケットボールの大きさの腫瘍ができ、お医者様からすぐに手術すると言われたのに、「ちょっと待って。六週間ください。自分で何とかします」と決めて、ブランドンは自分の生き方や感情と向かい合い、本当に六週間でその大きな腫瘍を消してしまったというのです。まさに、その時の私にはこれ以上ないというお話でした。

そして二日間のジャーニーのワークで、私は自分でも気付いていなかった感情を発見しました。一日目、ブランドンのお話の後、いよいよ二人ひと組になってワークが始まりました。私の番になった時、最初に私の心にわきあがってきた感情は、体ががくがく震えるような感情でした。それを味わい尽くすと、今度は次の感情が出てきて……というように、感情の旅（ジャーニー）が続きました。そして、私はそのがくがくする感情を最初にため込んだ子ども時代のことを思い出しました。その感情、それは〈おびえ〉でした。母にこっぴどく叱られた時に体験した感情でした。そして六五歳になるまで、私は誰かに少しでも非難されると、すぐにそのおびえの感情が顔を出して、パニックを起こしていました。ジャーニーのプロセスで、やっとそのことに気がついたのです。おびえの感情に初めて気付き、それを認め、許した時、それは私から離れてゆきました。そして、私をまさに自由にしてくれたのです。

ブランドンはジャーニーの創始者として、すばらしい仕事をしていますが、もっと根本的には人生のさまざまな体験を通して自分自身を見つめ、自分を制限しているもの、自分を不自由にしているものに気付き、そこから自由になるという学びを繰り返している方だと思います。さらに、瞑想や黙想を通じて心の平和と自由を獲得する道を歩んでいます。女性として、自信に満ちた彼女の堂々とした態度や雰囲気に、私は圧倒されたものです。

私たちは自分で気付かないうちに作ってしまった思い込みや習慣的な感情によって、自分の自由を制限しています。そのような思い込みや感情に気付き、それを手放した時、私たちは本来の自由な存在に立ち戻り、愛と悟りの状態へと飛翔することができるのです。本書はそのための道案内となる優れた本だと思います。すでに魂を深く学んでいる皆さんにも、いま魂の旅を始めたばかりの皆さんにも、同じようにお勧めします。

この本を書いてくださったブランドン、日本語に訳してくださったさやかさん、ジャーニーを日本に紹介してくださったダイナビジョンの皆さんに、心から感謝いたします。

はじめに　――ブランドン・ベイズ

あなたに本当の自由を日々経験していただきたいという思いから、この本は生まれました。

この、自由を経験したいという思いは、心の底からわき上がる〈グレース＝あなたの本質への家路〉への強い願いでもあります。

この本は、さらりと読み流して、ちょっとした情報やエピソードを収集していただくために書かれたものではありません。たとえようのないほど美しい、この「永遠」というものを、あなたに経験していただくために書きました。ぜひ、身も心もすっかりリラックスさせて、ここにつづられた文字のあいだに息づく存在に、心を開いていただきたいと思います。

まず、少しのあいだで結構です、このページから目をそらして、静かに深呼吸をしてみてください。文字のあいだの言葉にならない存在の中へと、自然に引き込まれていくのを感じていただけるでしょう。この存在こそが、あなたの本質です。それは広々と、自由で、完全な存在です。そこには、まだ実現されていないあなたの創造性と才能と叡智が、いつも存在しているのです。無理なく自然にその美しい存在に触れながら毎日を暮らすために、その邪魔をしているものを取り除く現実的で具体的な方法を、本書を通して手に入れていただきたいと思います。

この本は、単に自由とは何かを語ったものではありません。限りない〈自由〉という存在である、あなたの本質の中へと、あなたを誘うために書かれました。

この本を読みながら、その「存在」を深く味わっていただきたいと思います。そして、文字のあいだに息づく静けさに、身をゆだねてみましょう。その静けさが、あなたを永遠の抱擁の中へと導いてくれるでしょう。その静けさは、すでに今、あなたに話しかけているのです。ただゆっくりと息をしながら、その声に、あなたそのものを、あなたのすべてを向けてみましょう。あなたはきっと、以前にもこの呼びかけを聞いたことがあるはずです。つまり、あなたの本質が「帰っておいで」と呼びかけているのです。

本書のそれぞれの章は、あなたの本質を違った角度で体験できるように構成されています。でも実際には、あなたの本質であるこの限りない存在を、ひと言で完璧に表現できる言葉はありません。けれど、その存在からは、数々の美しい香りが漂ってきます。もちろんバラの花の香りは、バラの花そのものではありませんが、その香りでバラを表現できるのと同じように、言葉や時間を超えた永遠の存在である〈グレース〉にも、いろいろな香りがあり、それを使って物事のある側面を表現することは可能です。それぞれの章の美しい香りにやさしく身をゆだねて、あなた自身の本質から、深い気づきをわきあがらせましょう。

それぞれの章には、さまざまなエピソードを通した教えに加えて、グレースの実体験へとあなたを導く誘導内観などが含まれています。これらのプロセス（本書に含まれたワークや瞑想や内省などを総称してプロセスと呼んでいます）も、ほんの数分のものから、静かな場所を選んで時間をさいて行うかなり深いものまで、さまざまなものを用意しました。これらのプロセスを暮らしの中に取り入れていくうちに、心の安らぎや、まわりの人たちとのつながり、そして自分自身の本質とのつながりが強くなるのが感じられるでしょう。

一度この本をはじめから終わりまで経験したら、次にはそれを日々の生活に取り入れてみましょう。たとえば、あなたの意識を大きく広げて、ゆったりとリラックスしながら、本を手にとって無意識に開いたページに導いてもらうのもいいでしょう。そのページを読みながら、言葉を超えたその存在、そこに現れているあなたの本質に意識を向けてみましょう。そして心を大きく開いて、あなた自身の深い叡智を自然な気持ちで受け取りましょう。

あなたの人生が変わっていくにつれて、あなたの叡智はますます生きたものとなります。たとえば毎日一五分間、この本を手に静かな自分だけの時間を過ごして、新鮮な気持ちでページに目を向けるのもいいでしょう。そのたびに、あなたの中からわき上がる、深く新しい教えを受け取ることができるはずです。そして、目の前に開かれたページを読んで、それをしっかりと受け取ることで、時には、今その香りがどのようにあなたの生活の中に漂っているかを、真実が明らかにしてくれることもあるでしょう。またある時には、今あなたが直面している問題や障害を、どのように解決したり癒すことができるかという、ひらめきを得ることもあるでしょう。目の前の言葉があなたの中に根をおろすと、深い静けさの中から明確な答えや指示が浮かんでくることもあるでしょう。その経験や認識を深めたいと感じたなら、章の最後にあるプロセスを行ってみるのもいいでしょう。

あなたの本質を体験するということは、そのたびごとに、あなたにとって、はじめての経験となるでしょう。それは、グレースが、いつも新しい新鮮な側面を見せてくれるからです。この本をはじめから終わりまで読み終わっていたとしても、本を手に取るたびに、予想外の新しい何かを得ることができるでしょう。あなたにとって、その瞬間に最もふさわしい何かが、不思議と姿を現すのです。

そして、誘導内観や自己内省やワークも、それを行うたびに毎回違った経験となり、あなたが深い信頼をもって純粋に心を開けば開くほど、ますます深い叡智を手に入れることができるでしょう。そしてこの新しい発見は、言葉として明らかにされることもあれば、ただ深い認識として感じることもあるでしょう。

〈自由〉に心を開くことに慣れて、それがごく自然なこととなるにつれて、この本はあなたの最愛の友となり、〈グレース〉への家路の忠実なパートナーとなるでしょう。この本は本当の意味でのジャーニー（癒しへの旅）です。あなたをたくさんの新しい発見や認識へと導いてくれ、深い浄化が起こる内観や内省のプロセスや、あなたの本質をいろいろな角度から実体験できる機会が詰まった、まさに冒険旅行なのです。あなたの日々の暮らしに応用できる、具体的で親しみやすいテクニックや、読むたびに深く心に語りかけて新鮮な理解を促してくれる、数々のエピソードも含まれています。

この本には、あなたがもっとありのままに、そして自然に自分らしく生きて、心の安らぎと喜びに満ちた暮らしが送れるようにという、グレースからの願いが込められています。あなたが本来持っている深い叡智を、いかに簡単かつ具体的な方法で日々の生活の中に取り入れるかを示す道しるべとなって、あなたが感謝と愛と自由の中で人生を送るための道具《ツール》となれば幸いです。

この本は、限りない自由の存在である、あなた自身への旅です。このすばらしい存在と恋に落ち、グレースの優美な抱擁にますます深く身をゆだねることができますように——。

もくじ

第一章

〈ありのまま〉の自分でいるために

ありのままの自然な姿は美しく、
グレースの香りに満ちています。
自由で無理なく過ごしてください。
求められることは何もありません。

心を開いて、リラックスして、グレースを信頼して、
ありのままの自分に戻れば、それでいいのです。

グレース（訳者注：「恩寵」という言葉が日本語の訳語では一般的ですが、この本の中では、愛、自由、心の安らぎ、永遠、聖なる存在、そして悟りなどの、いろいろな意味が込められています）には、数えきれないほどの姿がありますが、「ありのまま」ということが必ず共通しているようです。なので私も、まずこの本を「ありのまま」に関する章ではじめることにしました。

ありのままでいると、自然にあなたの本質を知ることができます。私の経験では、ありのままでいることが、自由な悟りの意識への唯一の道なのです。

では、実際の体験が一番ですので、ちょっと試してみましょう。

まず深く息を吸って、ゆっくりと吐いてみましょう。そしてもう一度深く息を吸い込んで、ゆったりと吐いてみましょう。

私がこれから描写する状況をリラックスして読みながら、今、実際にこの出来事があなたに起こっていると想像してみましょう。「・・・」のところにきたら、小休止をして、時間をとって、意識をゆったりと広げたままその状況をしっかり想像して、どんな気持ちがしているかを感じ取ってみましょう。

このあとの章にも同じように、「・・・」が入った誘導内観やワークが含まれています。「・・・」の箇所では、やはり同じように小休止をして、じっくり感じる時間をとりましょう。

あなたは大海原を漂流しています。もちろん足は届かず、溺れまいと必死にもがいています。けれど、もがけばもがくほど、顔を水面に出しているのが難しくなり、体じゅうに疲れが広がってきました。このままでは溺れ死んでしまいます。でも、「もっと頑張れば助かる」と、あなたはすべての体力と集中力を振り絞って必死になっています。どんなことがあってもあきらめてはだめだという思いで頭がいっぱいです。

すると親切な誰かが浮き輪を投げてくれました。でも、もうちょっとというところで手が届きません。浮き輪はほんの数十センチ先にあります。命を守って平和と安らぎを得るための答えがすぐそこにあるのです・・・最後の力をすべて振り絞って、浮き輪をつかもうとあなたはますます必死にもがいています・・・でもどうしても手が届きません・・・もう少し頑張ればと、あなたはますますもがき続けます。

けれど、浮き輪をつかもうと腕を伸ばせば伸ばすほど、逆に浮き輪が遠ざかってしまうのです・・・生きるための戦いは激しさを増して、必死な思いで頭がくらくらしてきました。それでもなんとか意識を集中させて最後のもがきを続けますが、ますます浮き輪は遠ざかるばかりです。

するとあの親切な誰かが、海に飛び込むのが見えました。そしてその人は海面に浮かび上がると、もがかず、じっとしています。ゆったり浮いている姿は、まるで休んでいるかのようにも見えます・・・水面下で足を静かに動かしているその様子は、海を信頼して身をゆだねている姿です。海面が静まると、自然に浮き輪はその人の手元へ打ち寄せられました・・・そしてその人は落ち着いた動作で、静かな祈りを捧げるように浮き輪をそっとあなたの方へ押してくれました。

あなたが浮き輪をつかもうと激しく腕を動かすと、浮き輪はまた遠ざかってしまいます。必死な思いはもう限界に達しています。

すると「リラックスして・・・ここは安全ですよ・・・必要なものはすべて揃っているから・・・それを信頼して落ち着けば、もう大丈夫」という頼もしい声が聞こえてきました。グレースに身をまかせているその人が、もう一度浮き輪をあなたの方へとやさしく押してくれました。

浮き輪がこちらに近づくにつれ、腕を伸ばして何とか早くつかみたいという衝動がますます強まってきます。「最後のひと頑張り」と自分の中の声が聞こえます。そこで必死に腕を伸ばそうとすると、またあの誰かが「リラックスして」とあなたにやさしく呼びかけてくれました。

その言葉がはじめて本当に耳に入ったかのように、突然あなたはもがくのをやめました。瞬間的に起こったその変化は、本能的な反応や、今までの習慣や、正しい対処だと信じてきたことに反する行動です。けれどあなたはリラックスすることを選びます。頭をリラックスさせて・・・もがくのをやめて・・・体も静かにリラックスさせると、なんと浮き輪は自然にあなたの方へ近寄ってきます。

あなたの体に触れるほど浮き輪が近づくと、時間が静止したようになりました・・・あなたの息づかいもゆったりと落ち着いて楽になりました・・・思考がゆったり止まって、体の緊張もほぐれて、信頼の大きな海にやさしくかかえられているのが感じられます。静けさの中に身をゆだねていると、グレースに支えられているのが感じられます・・・平和の中で、グレースに抱きかかえられたあなたは、ますます深くリラックスしていきます。

すると胸に軽く浮き輪が当たるのを感じました・・・それと同時に、浮き輪がなくても大丈夫だということに気づきます。本当は浮き輪などいらなかったのです。あなたはすでに安全で完全で自由だということに気付いたのです。それを知ったあなたは、信頼の海にただゆったりと浮かんでいます。

ゆっくりとやさしく浮き輪に腕を添えて、不必要にもがいている人がいないか、あなたはまわりを見回します。そう、今度はあなたが、あの親切な見知らぬ誰かになったのです。

人生に対して必死でもがくことの愚かさに気付いたあなたの顔には、ちょっぴり苦笑いが浮かびます。探し求めているものはすでにここにあったことを、もがくのをやめてリラックスした瞬間にはじめて知ったのです。これはもう、宇宙が仕組んだ冗談とでも言うしかありません。とても手が届かず得られないと思っていたものは、本当はいつもここに存在していて、大きな海のようにあなたを支えてくれていたのです。

いかがでしたか？　これと同じことがグレースにも言えます。頑張ってもがいたり、戦ったり、探し求めたり、頭で理解しようとすればするほど、グレースを遠ざけてしまうことになります。心を開いて体と意識をリラックスさせて、必死にもがいたり頑張ったりするのをやめると、探し求めていた平和を自然に感じることができるのです。

グレースの真髄は「ありのまま」です。いつも完全で、自由で、広々とした存在です。そして日々の生活の中で、その一つ一つの瞬間に私たちにとって何が最適かを知っています。どんな状況下でも、そのとき何が一番必要なのか知っているのです。そして、流れに乗って、いつも柔軟に変化しています。なめらかに磨かれた川底の岩の上を流れる水のような、ゆったりとした自然なゆとりがあります。そして、グレースの中には、至高の安らぎと生き生きとした脈動感が共存しています。いつも何かを生み出しているのです。けれど、一生懸命なにかを成し遂げようとしたり、必死に流れを変えようとしているのではありません。何かを抑制したり、誰かを操作したり、自然を意のままにしようとしているわけでも決してありません。ただ楽々と「流れて」いるのです。

私たちは子どものころから「できるだけ頑張りなさい」と言われて育ってきました。そして頑張ることを意識して過ごしてきました。一生懸命に頑張って、競い合い、戦ってきました。もし子どもの時に「リラックスして大丈夫。あなたはこのままでもう、完全ですばらしい存在なんだから、自分の中の大きな可能性を表現すればいいんだよ。さあ、リラックスしてごらん」と言われていたらどう違っていたでしょう。私たちの中の天才的な能力と創造性の花を開かせて、愛を輝かせることが当たり前となっていたかもしれません。無邪気な純粋さの中で、軽々と深い叡智を表現して、人生を創造していくことの大きな喜びを得ていたかもしれません。

でも残念ながら私たちは、がむしゃらに頑張って自分に厳しくすることが良いことだと叩き込まれ、それが習慣となり、少しでも自分のために時間を使ったりリラックスしたりすると、罪の意識さえ感じることがあります。しかしそれはまったくの逆で、頑張りや、がむしゃらさを手放して完全にリラックスすることで、はじめて本当の天才的な能力と創造性を発揮することができるのです。

たとえば誰かの名前を一生懸命思い出そうとして、考えれば考えるほどどうしても思い出せないという経験をしたことがありませんか？　そして、「まあいいや」とリラックスして思い出そうとするのを諦《あきら》めると、どこからともなくその名前が意識の中に浮かび上がってくるという経験があるのではないでしょうか？

グレースにも同じことが言えます。無理に瞑想をしたり、思考を特定の何かに絞ろうとしたり、ある言葉やマントラ（真言）をひたすら繰り返したりといった頑張りが、逆に、探し求めている平和を遠ざけているのです。そうではなく、まわりの音に何気なく耳を傾けながら目を閉じて、頭の中にいろいろな考えが浮かんできてもそれにあえて意識を向けず、それらをただ自然に、広々とした意識の中を通過させて、ゆったりとリラックスすることができたなら、あなたはきっと、いつのまにか深い癒しの海の中で休んでいることに気付くでしょう。さまざまな思考が浮かびあがり、そして通り抜けても、この静けさと平和は変わらないことに気付くでしょう。

思考を分析したりその意味を理解しようと追いかけはじめると、その瞬間に、あの海のようなひろびろとした意識は退いてしまい、あなたは思考にのめりこんでしまいます。けれど、分析したり理解しようと思考にしがみついたりするのをやめると、またあのゆったりと穏やかな海の中に戻ることができるのです。無理やり頑張ったり、がむしゃらにもがくことが、あの静けさからあなたを遠ざけるのです。あなたの心と意識を大きく開いて、この瞬間のすべてをありのまま受け入れ、すべてをグレースにゆだねると、あなたはますます静けさと平和に抱きかかえられるでしょう。

たとえ瞑想をしたとしても、それによって何かを求めようとするなら、それがグレースを遠ざけてしまう。これは人生のすべてに共通する真実なのです。

ただゆったりと静かにその場にとどまって、休んでみましょう。

ここで私は、祖父の作業部屋でのある経験を思い出します。私の祖父は物理学の博士号を持っていて、大の発明好きで、自分の発想をもとに何かを創りあげるのがとても得意な人でした。

私が二三歳の時の出来事ですが、この世に一つしかない手作りのクリスマス・プレゼントを夫に贈りたいと思いついた私は、バックギャモンのゲームが大好きな彼に自分でデザインしたゲーム用の飾り箱を作りたいと、祖父に相談しました。ロンドンのリバティーズで買い求めた何種類かの美しい生地を組み入れたデザインでした。

最初はガラスを使いたいと思っていたのですが、それは現実的ではなかったので、その代わりに透明のプラスチックを使うことにしました。挑戦好きで研究熱心な祖父はいろいろと調べて、最適なプラスチック板を選んでくれました。そして「他の板に比べると傷も付きにくいし丈夫だけれど、折れやすいのでやさしく扱わなければだめだよ」と言いました。

ある日の午後、箱の継ぎ目を強化した使いやすいデザインを二人で描き上げました。しばらくして特注のプラスチック板が届くと、さっそく祖父の作業部屋で製作に取り掛かりました。祖父はまず、プラスチックの板をどこまで曲げたら折れてしまうかをチェックして、最も適した三種類ののこぎりを選んでくれました。何回かの失敗を重ねた後で、祖父はとても細い切れ目を入れ、そこからやさしくのこぎりを動かして、デザイン通りの一片をきれいに切り取ってくれました。

それは簡単そうに見えました。

私が自分で作った何かをプレゼントすることが目的だったので、見られていると気が散るだろうと気を使った祖父は「おばあちゃんが何をしているか見てくるよ」と言い残して二階へ上がって行ってしまいました。

さて、祖父がしたようにまず注意深く板の側面にのこぎりを当てて小さな切れ目を入れようとしましたが、そのとたんにプラスチックの板は真っ二つに割れてしまいました。

私は深呼吸をしました。これは特別注文で取り寄せた高価でなかなか手に入らない板なので、今度は失敗すまいと「今度はもっと頑張るのよ。意識を集中して、手元をしっかりさせて、正確に切るのよ」と自分に言い聞かせました。

息を止めて板に小さな切れ目を入れ、慎重に切りはじめましたが、どうもうまく切れません。そこで少し力を強めたとたんに「ポキッ！」とまた板が二つに割れてしまいました。

涙があふれてきました。もうこれ以上、板を無駄にはできません。すべての集中力をかき集めてもう一度切りはじめましたが、たちまち「ポキッ！」と音をたてて割れてしまいました。頭がくらくらしてきて、涙が頬を伝ってこぼれました。それをシャツの袖でふいて、泣いて赤くなった鼻とこわばった顔のままで二階にいる祖父のところへ行って、失敗してしまったこと、どんなに一生懸命やってもどうしてもできなかったことを打ち明けました。

すると、今までに何度も人生の失敗を味わってきた祖父はやさしく微笑《ほほえ》んで、「たかがプラスチックの板だよ。また注文すればいいさ」と言ってくれました。

「でも、おじいちゃんが切ったときには、あんなに簡単そうに見えたのに」と私が言うと、祖父は「作業部屋に行って、修繕できるか見てみよう。接着してヤスリでなめらかに削ったら、まだ使えるかもしれないよ」と言ってくれました。

祖父は私が切りそこなった板を見て、「どんなふうに切ろうとしたのか見せてごらん」と言いました。

そこでプラスチックをひと切れ手にとって切れ目を入れて切りはじめると、またすぐ二つに割れてしまいました。

すると祖父は、「ブランドン、私の目を見てごらん。道具を持つ前から、どれほど私の目が静かになっているか見えるかい？　ほら、のこぎりが私の手の中で軽く浮いているようだろう？このこぎりを一本の羽根だと思って、やさしく水をかくように、無理なくこんなふうに」と言いながらのこぎりを動かしました。

山のように大柄な祖父の頑丈な手は、まるで空気でできているかのようにのこぎりを握り、軽く優美な動作でプラスチックを切って見せてくれました。私の道理とは相反して、祖父がやさしくこぎりを扱えば扱うほど、その動きは適確になるのでした。そして祖父が私の手を握りました。祖父の手は、まるで小鳥をやさしく包むような感じでした。「こんなふうにねブランドン。急がば回れというだろう？　ただのこぎりを軽くすべらせて、無理せず自然に……。どのくらいの強さや速さでのこぎりを動かすかは、プラスチックが教えてくれるよ」と言いました。

まさにその通りでした。頑張りを手放してプラスチックに教えてもらうことで、美しい箱が生まれました。

祖父とのこの経験で力を抜くことのすばらしさを学んでから、すでに三〇年近くが経ちました。けれどそのあいだ、あれほど美しいバックギャモンの箱は一度も見たことがありません。


無理をしないありのままの存在でいることの威力を経験したことは、その前にも何度かありました。でも、チラチラとかいま見るという程度で、それが何なのかという認識を持たずに過ごしていました。それは私が二二歳の時のことですが、ハネムーンの夜、長いあいだ夢に見ていたニューヨークのメトロポリタンオペラの超人気のボックス席の券を、結婚祝いとして主人がプレゼントしてくれました。出し物はロミオとジュリエットのバレエで、当時最高の評価を受けていた主席ダンサーのルドルフ・ヌレエフがロミオ役でした。多くの人が半年以上も前からチケットを購入して、心待ちにしていたすばらしいイベントです。

あの夜のことを私は決して忘れないでしょう。ルドルフの踊りは言葉では言い表せないほど美しく、まるで魔法のようなその優美さに私は息をのんで完全に見とれていました。そして彼のソロの最中に、とても説明ができないようなことが起こったのです。ステージ狭しとスピンやターンをしている彼は、まるで輝かしい幻想のようでした。そして彼が高くジャンプをしようとしたその瞬間、時間そのものが一時的に止まったように感じられたのです。それを感じたのは私だけでなく、観客みんなが同時に息をのんで、劇場内のすべてが停止したかのようでした。彼は長年磨き上げた技をも手放して、まるで目に見えないマントを脱ぎ捨てたようで、それを私たちも明らかに感じていました。そしてジャンプをした彼の姿は、すべてから完全に解放されて自由に羽ばたく鳥のようでした。強く鍛えられた肉体は、まるで空気でできているかのようでした。グレースに完全に身をゆだねた彼は、空中に浮いているかのように見えました。そして次の瞬間、彼の足が翼のように広がると、ますます高く浮き上がったように見えたのです。

観客はまた同時に息をのみ、私は説明がつかない興奮で鳥肌がたっていました。彼のジャンプは永遠に続くようで、時間はもう存在しないかのようでした。そして沈黙の中で観客もそれを一緒に経験したのです。一人の人間が軽々と永遠の存在の中に飛び込んだことで、その波紋をみんなが感じたのです。客席で見ていた私たちも一緒に永遠の入り口を味わったのです。

ルドルフがソロを踊り終えると、会場は終わりのない拍手と歓呼と感激の涙で埋め尽くされました。私たちはこのすばらしい体験をさせてもらったことへの感謝をどう表せばよいか分かりませんでした。グレースを味わわせてもらった喜びで、観客の拍手と歓呼は四五分間続きました。

習慣や頑張り、もう知っていると思っていることや、今まで習ったことをすべて捨てると、ありのままの存在であるグレースに触れることができるのです。私たちが羽織っている、「もう分かっている・知っている」という目に見えない重いマントを勇気を持って脱ぎ捨てると、純粋なありのままの存在へと変わることができるでしょう。

ありのままの存在であるグレースは、いつも私たちをやさしく支えてくれています。それは私たち自身の本質でもあります。「こうあるべき」という観念を捨てて、未知をそのまま受け入れると、たちまちグレースは姿を見せてくれます。そしてその無心の、ありのままの中から天才が生まれ、魔法が起こるのです。

ルドルフとは分野が違いますが、私の父もまた天才的な能力の持ち主でした。科学者でありエンジニアでもあった父は、その能力を使って高度なレーダーシステムの開発を手がけていました。一九六〇年代から七〇年代にかけて、アメリカ国防省で、国外からのミサイル攻撃を探知してアメリカ国民を守るためのレーダーシステムの構築を任され、その責任の重さに押しつぶされながら過ごしていました。

父はレーダーシステムの発案者でかつ設計者でもあり、父と同等の専門的技術と知識を持つ人間は他に誰もいませんでした。もしシステム設計の段階や実際の作業工程でミスがあった場合、それを探し出して訂正できる人間は、父以外にはいませんでした。それを承知の父は、スーパーコンピューターが打ち出した四百ページ以上の計算データに明け方まで目を通す日々を送っていました。コンピューターでも見い出せないエラーがあった場合には、父が見つけるしかなかったのです。

その四百ページ以上もあるデータの中の間違いを見つけることは、まるで積み上げられた藁《わら》の中に紛れ込んだ針を探すような不可能に近い作業で、ある晩、その責任の重荷と不安に父はとうとう耐えられなくなりました。

絶望に打ちのめされた父は、明け方の四時ごろ、ベッドに横たわって、なにもかもを諦めていました。父は「なんとか朝には解決策が見つかりますように」と短い祈りをつぶやいて、目を閉じました。非常に理論的で高い分析力を備えた父のような人間には、このような、かないそうもない祈りは愚かなことに感じられたでしょうが、それでも短い仮眠をとる前に祈らずにはいられなかったのです。

そして午前六時四五分に鳴った目覚まし時計を、かすんだ目で止めようと腕を伸ばした瞬間、父の意識の中に、あるデータの間違いが鮮明に浮かび上がったのです。

ベッドから飛び起きて、データのページをどんどんめくると、たちまち間違いのある箇所を見つけました。そして午前八時までには計算式を訂正して、その新しい解決策のおかげで、何百人という父の部下たちは仕事を続行することが可能となったのです。

その日の夕食のとき、父はこう言いました。「知識や経験や分析能力をすべて手放した時に、意識のどこか深いところから突然、答えが浮かんできたんだよ」と。そして、「必死になるのをやめたら、答えが明らかになったんだ」と言いました。

父が苦悩の中で過ごした数えきれない夜を思うと、もっと早くこの秘密に気付いてくれたらよかったのにと思えてなりません。そしてこのすばらしい認識をいつも覚えていたなら、あんなにつらい人生を送らなくてもすんだのではないかと思っています。

でも、私たちも父と同様、知識や経験に頼る習慣がついているので、父がしたような深い認識を得ても、すぐにまたそれを忘れてしまいます。思考が止まって静かになった空間に姿を現すグレースの深い叡智よりも、マインド（訳者注：頭脳、知性や思考、場合によっては精神を指す）が作り出す思考を信頼しているのです。

真の答えを見つけるには、マインドが答えを知っていてすべてをコントロールできるという傲慢な思い込みを捨てることが大切です。まっさらでニュートラルな受け皿になると、グレースが時を超えた永遠の叡智を注ぎこんでくれるのです。

アインシュタインもこの原理を理解していたようです。宇宙に関する今までの理解を覆すまったく新しい天才的な概念を公式化するためにリラックスして目を閉じ、真っ暗で静かな神が宿るところへ行ったと、彼は記しています。使った言葉は違いますが、彼の行為は、無限の永遠の力を理解している人たちの行為と共通しています。天才的な能力や創造力、そしてすべての答えはグレースの中から生まれ、彼がするべきことは、ただ目を閉じてゆったりとグレースに自分をゆだねることだと理解していたのです。

無理のない「ありのまま」でいることが、宇宙の叡智をひもとく鍵だと言えるでしょう。必死にもがくのをやめることを選べば、あなたも、いつでもその叡智を得ることができるのです。

私は、このようにありのままで出会えるグレースを、ますます愛するようになりました。私の中に「何としてでも」という思いや、「がむしゃらに頑張ろう」という衝動が浮かんできたら、即座に自分に問いかけるようにしています。

グレースはいつも完全で、私の手助けや努力はもちろんのこと、私たちからは何も必要としていないのです。無理やりにでも頑張ろうと思うのは、エゴだけです。最近は「何としてでも」という思いが浮かんできたら、その場ですべてを停止して、エゴが何をコントロールしようとしているのかに意識を向けるようにしています。無理をする姿勢が、グレースの自然な流れを妨《さまた》げてしまうからです。

私たちが運営しているジャーニー社とそのまわりでは、毎年数多くの計画や夢が実現します。

多くの国を訪問し、何千という人たちの人生が変わるきっかけを作っています。毎年どのような新しい変化が起こったかを振り返ると、すべてがグレースの仕事だということがよく分かります。いくらジャーニーチームの全員が力を合わせて頑張っても、とても不可能だと思えたことも、グレースによっていつのまにか実現しています。そして振り返ってみるたびに、グレースから与えられた数知れない奇跡に驚かされるのです。

ですから今は、無理にでも頑張ろうというささやき声が聞こえてきたら、その場ですべてをやめ、グレースの魔法の流れの邪魔をしないようにしています。目を閉じて、その瞬間を信頼して受け入れ、ありのままの自分に帰るのです。そして、私が今するべき行動とそのタイミングを示してもらえるように祈って、グレースに任せてしまうのです。

私は「飼い犬のようにロープでグレースにしっかり握られているの」と、たびたび冗談を言いますが、実際私は、子どものように、純粋で無邪気な心でグレースに従っているだけなのです。すばらしい癒しや変化、理解や認識、そして解放や喜びがまわりで起こるたびに、グレースが人生の主導権を取っていることを思い知らされるのです。

私が何らかの主導権を取って人生をコントロールしようとしたり、グレースの限りない奇跡への賞賛を自分のものだと思ったりしたら、それは、川に流されて海にたどり着いた小さな枝が、あたかもそれを自分でやったと豪語するのに等しい、愚かなことだと思っています。

何もかもを知っていて、勢いよく流れ続けるグレースの川の流れの中では、信頼してすべてをゆだねるしか選択肢はありません。

あなたは最近、無理にでも何とかしようとあがいていることがありますか？　何かに立ち向かおうとしたり、自分の思い通りに誰かを変えようとしたり、丸い穴に四角い杭を無理やり打ち込もうとしているようなことはありませんか？　このような、何の役にも立たない愚かな頑張りのゲームに飽き飽きしているのではありませんか？　そして、エゴが描いた絵の中の敵と戦うのはもうやめて、ありのままで過ごしたいと思っていませんか？　もしそう思っているのなら、次の誘導内観を試してみることをお勧めします。

プロセス①　誘導内観：ありのままの存在

このプロセスは、いくつかのやり方があります。自分の声を録音して聞く方法や（この方法は目を閉じてリラックスすることができるよい方法です）誰かと組んで一人づつ交代するのもよいでしょう。あるいは本書と同タイトルのＣＤ（訳者注：日本語版は未発売）を購入するのも一つの方法です。もちろん、本書を自分で読みながら試すことも可能です。

ワークの部分を読むときは、ゆったりと呼吸をしながら意識をやさしく広げ、ゆっくりとしたペースで読みましょう。そして前述の通り、「・・・」のところでは小休止しましょう。

ゆっくりと深く息を吸って・・・そしてゆったりと吐いてみましょう。

もう一度深く息を吸って・・・ゆっくり吐いてみましょう。

さて、あなたの意識を目の前に広々と広げて・・・後ろにも限りなく・・・両側にもどこまでも広がって行くのを感じながら・・・足元にも深く・・・頭上にも空のように大きく広げて・・・この広々とした意識の中でゆったりとリラックスして・・・限りなく続く静けさに包まれて休んでみましょう。

それでは、リラックスしたままで体に意識を向けてみましょう・・・どこか他の部分より緊張したり凝《こ》っているところに気付くでしょう・・・その部分に意識を向けて、そこをもっと硬く緊張させてみましょう・・・力を込めて思いっきり抵抗を強めたら・・・一気に力を抜いてみましょう・・・そして、その部分にゆったりと息を吹き込むと、最後に残っていた緊張もほぐれていくのが感じられるでしょう・・・ゆっくりと落ち着いた呼吸を続けると、どんどん緊張がほぐれていくでしょう。

他にも緊張しているところを探してみましょう・・・そしてそこにも力を入れてこわばらせ、ますます緊張させて・・・そしてまた一度にすっかり息を吐いてみましょう・・・緊張がとけるのを感じてみましょう・・・あなたのゆったりとした意識でその部分を包んでみましょう・・・広々とした開放感を吸い込んで・・・その部分に開放感を吹き込むと、息を吐くたびに緊張がやわらいでいくのが感じられるでしょう。

体全体がすっかりリラックスするまで、同じように緊張したところを探し出しては、力を入れてますます緊張させて、そして緩めてみましょう。

今度はあなたのマインドに意識を向けてみましょう。握りこぶしのように硬く閉じて抵抗しているかもしれません・・・吐く息とともに、その緊張を吹き飛ばしてしまいましょう・・・やわらかく、リラックスして楽になるのを感じながら・・・また広々とした開放感を吸い込んで・・・暖かさと安らぎを吐いてみましょう・・・頭の中の緊張がすっかり緩んで・・・息をするたびにますますリラックスして。

あなたの存在そのものも調べてみましょう・・・何かにしがみついていたり、人生と戦っているところがあるのなら、あるいはこの瞬間の現実に抵抗しているところがあるのなら、それをこの場でもっと強めて・・・そして大きなため息をついてみましょう・・・リラックスして・・・ため息をつくたびにますます緊張がやわらぐのを感じましょう。

それではこの安らぎをもう一度大きく広げてみましょう。目の前にも広く・・・後ろにも大きく・・・まわり全体に限りなくゆったりと・・・足元にもどこまでも深く・・・頭上にも広々と・・・

ただゆったりとくつろいで・・・穏やかな海のようにリラックスして・・・深く、広く。

　今度は、あなたが最近必死に頑張っていることや、戦っていることを思い浮かべてみましょう・・・あなたが感じている緊張感や圧迫感をしっかり感じてみましょう・・・海で必死にもがいていたあの誰かのように、人生と戦うことの厳しさとむなしさを感じてみましょう・・・それはあなたの体にどんな影響を与えているでしょう・・・どんな気持ちがしているでしょう・・・あなたという存在にはどんな影響があるでしょう・・・しっかり感じて・・・思いきり戦って、もっと抵抗して・・・必死で頑張って。

　もし今、すべては起こるべくして起こったと知ったら・・・あなたに起きていることは、すべてに理由や目的があって、ただあなたは、それをまだ知らないだけだとしたら・・・そしてそれをただそのまま受け入れたとしたら？

　すべてはグレースの意志で、あなたはどうすることもできないとしたら・・・変えたり、直したりすることもなければ、するべきこともないとしたら・・・完全にリラックスして、これがこの瞬間の現実だと受け入れたら、どんな気持ちがするか感じてみましょう。

　今、すべてを完全に受け入れて、あがくのをやめて、諦めて、リラックスして、ただすべてをゆだねたとしたら？

　ただ深くリラックスして、限りない永遠の中にゆったりと身をゆだねたとしたら・・・限りのないやさしい存在に包まれて、満たされて・・・ますます深く・・・ゆったりと・・・リラックスして・・・ただゆだねて・・・完全に信頼したら？

安心と信頼の大きな海に身をまかせて・・・ありのままでいたとしたら・・・それはどんな気持ちでしょう？

理解したり、答えを見つけたり、変えたり、直したり、訂正したりしなければならないという気持ちを手放したとしたら・・・ただこの瞬間をそのまま受け入れたとしたら？

この純粋な、限りない存在の抱擁の中で、今、リラックスしたら・・・何をする必要もなく・・・何の意図もなく・・・なんの欲望もなく・・・理解しようとしがみつくこともなく。

ただこのまま・・・ここに満ちあふれるこの存在だけ。

そしてもしあなたが、ありのままでいればよいという許可を受けたとしたら・・・何も知らなくてもよいとしたら・・・それはどんな気持ちでしょう？

ありのままのグレースに身をゆだねて、どっぷりとひたって・・・得るものも、学ぶことも、成し遂げることも、変えることも何もない・・・そして今グレースがこの問題や状況や出来事を解決してくれるとしたら、どのように自然に軽々とそれが起こるのでしょうか？

次にはその質問すら手放して・・・ただグレースにゆだねて・・・答えは時が来たらその聖なるタイミングで明らかにされると知りつつ。

もしあなたがその解決策のなんらかの役を演じたり受け皿になったりするとしても、それがどのように起こるか、あなたには知りえないこと・・・すべてはグレースのなすわざ・・・誰が何をするわけでもなく・・・誰か個人の功績でもなく・・・グレースの導きはすべてに平等であることを知りつつ・・・グレースにゆだねて、もしあなたが何らかの役を演じるのであれば、それはごく自然に起こるでしょう。

無理じいしたり、頑張ろうとする衝動がもし自分に起こったら、やさしく「やめなさい」と言ってあげましょう。声に出して言うのも良いでしょう。無理に頑張らず、体をリラックスさせて、すでに完璧な答えを知っているグレースに任せましょう。

ゆったり息を吸って・・・そして吐いて・・・もう一度深く息を吸って・・・そして吐いて。

もし目を閉じているのなら、さあ、やさしく目をあけてみましょう。

第二章

〈執着〉しない生き方

あなたを縛り付けている執着のひもがほどけると、
グレースの翼に乗って、
自由に空高く舞い上がることができるでしょう。

私はこれまで、執着を手放すことを学ぶ、いくつかの大きなチャレンジに出会ってきました。その経験は、私と「外」のものとの関係、所有物や恋愛や人間関係やライフスタイル、そして自分の肉体との関係すら、永遠に変えるほどのものでした。

もう今から二〇年ほど前になりますが、私は、悟りを開いたマスターの瞑想リトリート（滞在型の瞑想会）に参加していました。そして、そこでとても印象に残る物語を聞きました。物語の中に秘められた教えは、いつのまにか私の一部になっていました。それから三年後、私はそれまで心から大切にしてきた多くのものを失うことになったのですが、それらの経験は、私がいつもグレースの海に身をゆだねていることに気付かせてくれただけでなく、すべてが備わっていて何ひとつ欠けることのないこの空間は、「外」の何かを失ったとしても、その「完全さ」は変わらないのだということを教えてくれました。

私たちが人や物に執着するのは、それを失うと自分が自分でなくなるという恐れを感じるからだと思います。物や人や考え方やアイデンティティ（自分が誰かという認識）を失ったら、未知の場所で一人ぼっちで路頭に迷ってしまうと恐れているからでしょう。これらに対する執着は、完璧に私たちの一部となっていて、執着していることすらなかなか気付きません。むしろ私たちのアイデンティティそのものとなっているのです。たとえば、私は誰々の夫または妻だ、私は教師だ、私は技術者だ、私はビジネスマンだ、私はどこそこに住んでいる、私の子どもたちは、私のライフスタイルは、……といったものが、アイデンティティを作りあげているのです。そしてそれを失うと、自分が何者だか分からなくなり、存在しなくなってしまうことを恐れているのです。人間にとって、存在しなくなるということは最も恐ろしいことだからです。

もし、この車・勤め先・お金・伴侶・家族・職業・財産・家・友人を失ったら、私はいったい誰なんだろう、何者なんだろう？　こう問いかけてみると、私たちの中では激しい葛藤が起こり、なんとかこれらのものにしがみつこうという衝動が起こるでしょう。とはいえ、私たちがそれらに対して執着を持つのは、不思議なことではありません。

逆に、自分はスピリチュアルで精神的に進化しているという傲慢さを持った若者が、悟りを開いた賢者やすべてを理解しているマスターをまねて「真の解放は執着を捨てることにある」などと言っているのを聞くと、私たちの多くは憤慨を覚えずにはいられません。

「僧侶のような暮らしをしている人に、執着のことなど分かるはずはない」などと言いたくなるでしょう。そして「私は物質欲の塊《かたまり》ではない。家族を愛したり、仕事に打ち込んだり、特定のライフスタイルを求めたり、一生懸命働いて手に入れた物や功績を誇りに思ってどこが悪いんだ。愛と努力で作りあげた我が家に執着を感じるのは当たり前のことだ。一生かけて蓄えた知識を大切に思うのは当然のことだ。自分で築き上げてきたものを大切にすることが、どう自由を遠ざけているんだ」と思うことでしょう。

私も、あの「物語」と出会う前には、同じように抗議をしたと思います。でもあの訓話を聞いてから、不思議に執着のひもが緩んで、いつのまにか消えていたのです。愛するものを失う経験をした時に、それにはじめて気付きました。

では、小さな子どもがお気に入りの物語を聞くように、心を開いてリラックスしながらこの話を読んでみてください。

むかしむかし、インドのある町に、悟りを開いたマスターが住んでいました。高貴な一族の出身で、複数の工場を所有する大変裕福な人物でした。ある日、そのマスターと弟子が、ほこりっぽい田舎の村を散歩していると、飾り窓に骨董やガラクタを置いた店の前を通りかかりました。その飾り棚に意外なものを見つけたマスターは、足をとめました。それは古来のインド国王が愛用していた磁器のティーカップで、すでに一一個のカップを所有しているマスターが、そのセットを全部揃えたいと三〇年来探し続けてきた最後の一個でした。グレースがこの良き日に微笑んでくれたと、マスターの心は躍りました。

高鳴る胸を押さえつつ飾り窓に見入るマスターの様子を、この店の店主が店の中からうかがっていました。マスターがどれほどの資産家で、そしてこの貴重なカップを長年探していたかを知っている店主は、「しめしめ、とうとう彼がやって来た。今日は何とすばらしい日だ。これでもう、私と妻は一生働かなくても過ごせるぞ」と、ほくそ笑みました。

店主は妻に、長年の祈りがかなって、店をたたんで聖地バラナシへ待ち焦がれた巡礼の旅へ出られること、そしてこれからは何でも手に入る王様のような生活ができることを誇らしげに告げると、妻には台所に引っ込んでいるようにと言いました。店主はいそいそと店のドアを開けて、マスターと弟子を店内へ迎え入れると、深いお辞儀をしました。大げさな笑顔を浮かべながら媚びた声で「ナマステ、大先生。本日は何をご所望ですか？」とたずねました。

飾り窓にあるカップに興味があるとマスターが言うと、店主は「さようですか、あれは当店で一番貴重な品です。世界じゅう探しても他にはない、一二個セットの最後の一つだということをご存じでしょうか？」と言いました。

マスターは「知っています」と軽く答えて、カップの値段をたずねました。

カップの希少価値を重々承知しているこの裕福なマスターなら、いくらでも払うだろうと考えた店主は、早鐘のような心臓の鼓動をおさえながら、興奮で上ずった声で膨大な値段を口にしました。

その金額を聞いて、マスターは、「ご親切なご主人、私はこの金額ならお支払いします」と、店主の言い値よりはずっと安い、けれども品物に対しては充分な価格を示しました。

店主は動揺しました。悟りを開いたこの立派なマスターは、市場で魚の値段を値切ろうとするケチな商売人とは違うと思っていたので、値段の交渉が起こるなどとは考えてもいなかったのです。多少当惑しながらも、店主は言い値を半分に落として、再度どれだけ貴重な品かということを強調しました。

マスターはそのカップが大変貴重な一品であるという店主の言葉にうなずきながら、また最初と同じ買値を示して、これはとても公平な価格だと言いました。

マスターの振る舞いが理解できない店主は、とにかく値切ろうとしているのだろうと考えて、再度言い値を半分に落とすことにしました。その値段でも自分は裕福な暮らしができると知っていたからです。

そして「大先生、あなたは手ごわい交渉相手ですね。それではもう一度半値に落としましょう。でもこれ以上は下げられません」と言いました。

マスターの顔が一瞬悲しげに曇って、静かな声で「そうですか、残念ですね。あなたは私のことを勘違いなさったようですね。私はこの価格なら払うと申しているんです。これは充分に公平な価格です」と言うと、弟子にもう帰ると合図をして、店主に礼を言うと静かに店から出ていきました。

マスターと弟子が店から五〇歩も離れないうちに、大声が聞こえました。振り向くと、店主が追いかけてきました。店主は息をきらして、「大先生、大先生、どうぞお戻りください。ご希望の値段でお譲りしましょう」と言いました。

マスターと弟子は店主と共に店に戻り、友好的な売買がなされました。マスターの買い値は、実際のところ店主と妻が一生困らないような金額だったのです。それをマスターも店主も承知していたので、今度は大変満足な取り引きとなりました。

店主がカップを丁重に包んでいるあいだに、弟子は店主の頭上の壁に掛けられた美しいサーベルに気付きました。今まで見たこともない繊細で巧みな技巧がなされた、とてもみごとな剣でした。その美しさに魅了された弟子は、目を離すことができませんでした。

そして弟子は「あんな美しいものは今まで見たこともない。ぜひ手に入れて『真実の剣』と名づけ、最高の場所に飾りたい」とつぶやきました。

でもあまりお金のない弟子は、マスターをまねて交渉すれば安く買えるかもしれないと考えました。そこで店主に、買う気はないけれどその剣の値段が知りたいと言いました。

抜け目ない商売人の店主は、弟子の目を見つめました。弟子に嘘を聞かされて、いやな気分がした店主は、自分は質素に暮らしてきたただの商人だけれど、足元を見られるのはごめんだと思いました。それでもティーカップで一世一代の大商いをして最高の幸せを味わっていた主人は、少しだけ上乗せした値段を告げました。

弟子は驚いたふりをして「ご親切なご主人、私はこの価格なら払います。これは公平な価格です」とマスターをまねて買い値を伝えました。

　値切られるのに慣れている店主は、言い値を半分に減らしました。

　弟子は顔をしかめてから、またマスターをまねて「いいえ、ご親切なご主人。私はこの価格なら払います。これは公平な価格です」と答えました。そして肩をすくめて「ご主人は私のことを勘違いされているようだ。私は、この剣はこの価格でしか買いません。これは公平な価格です」と言いました。そしてカップを手にしたマスターと共に静かに店を出ました。

　店から五〇歩ほど離れたところで、弟子は店主が追いかけてきているかと振り向きましたが、店のドアは閉まったままでした。弟子は無言でマスターについて歩いていきました。歩きながらちらちらと後ろの様子をうかがいましたが、店主の影もなく、弟子はすっかり当惑してしまいました。マスターがした通りに振る舞ったのに、なぜうまくいかなかったのだろう？

　しばらく歩いた後で、お茶を飲むことになりました。そこで弟子がマスターに「先生、なぜあの店主はあなたを追いかけてきたように、私を追いかけてこなかったのでしょう？」とたずねました。マスターは無言でお茶を飲んでいます。そこで弟子は「なぜこなかったんでしょう？」ともう一度言いました。するとマスターは「今でもあの剣が欲しいか？」と弟子にたずねました。「はい、もちろん欲しいです」と弟子は答えました。「あの店主は、お前の渇望を嗅《か》ぎつけたからだ。あのサーベルを、のどから手が出るほど欲しがっているのを知っているんだ。明日の朝、店のドアを開けると同時にお前が入ってきて、店主の言い値であの剣を買うのが分かっているからだろう」と言いました。

弟子はしばし考えこんで、「でも、マスターもあのカップが欲しかったのでは？　一二個のセットを揃えたいと、三〇年も探し求めていたのでは？」とたずねました。

そのまま何の返事もしないマスターの静けさに触れて、弟子は、マスターがたかがカップを渇望するはずがないことに気付きました。無礼な憶測をしたことを恥じながら、「マスター、あなたと私の違いは何ですか？」と謙虚にたずねました。

するとマスターが静かにこう語りました。「店主が私の後を追いかけてきたのは、私が本当に正当で公平な値段を示したうえで、カップに執着を持っていないことが分かったからだろう。そして、お前の場合は、お前の執着を察したから追いかけてこなかったんだ」

そこで弟子が「どうしたら、あの貴重なコレクションを完了する最後のカップに執着しないでいられるのですか？」とたずねると、「では秘密を教えよう」とマスターが言いました。

「私は、毎晩寝る前に、手足を床につけて、その日に受けたすべての祝福を神に感謝して、大切なものすべてを神に捧げるんだ。私の工場やアシュラム（修行道場）が焼け落ちるのを心の目で眺め、愛する家族や大切な人たちを神の腕の中に返すんだよ。そして、何も持たない貧しい人間として、眠りにつくんだ。すると、次の日に目が覚めて新しい日を新鮮な気持ちで迎えた時には、まわりには神の恩寵があふれている。私はひざまずいて、もう一日この貴重な贈りものを与えてくださった神に、深く感謝をする。私は、神の所有物の番人でしかないんだよ。すべては神からの借りもので、私のものでは決してないんだ」

この、すべては借りものだという言葉は、私の中に深く響きました。そして、瞑想リトリートから家に帰ってきた私は、この教えを自分の人生の中に取り入れることを誓ったのです。

物語の中のマスターのように、毎晩その日受けたすべての祝福を神に感謝して、大切に思うものすべてをお返しする。家も家族も夫もライフスタイルも財産や所有物も、すべてをグレースに返すことにしたのです。そして毎朝目を覚ますと、私の胸は深い感謝に満たされて、またもう一日祝福を受けた幸運を深く感じることができるのです。

おかげで、私と「物」との関係は、軽やかなものに変わっていきました。しょせん私の所有物ではないということに気付いたからです。すべてはグレースからの贈りもので、それを与えられた幸運に感謝して大切にするのが私の仕事なのです。

また、人間関係も違った見方をするようになりました。娘との関係の大切さが増して、主人と私のあいだには、深い敬意が生まれました。

まわりのものが違う意味での大切さを持つようになって、何もかもが生き生きと新鮮に感じられるようになりました。私たちがこの地球上で過ごす時間は本当に短く、すべてははかないものだという認識が増すと、これほどたくさんの祝福を日々受けている幸運を、感じずにはいられなくなりました。

それらの祝福をその日ごとに神に返す、このことは単純な行為ではありますが、グレースからの贈りものを心から大切にする生き方につながるのです。

贈りものを大切にするということは、その祝福をまわりの人々と分かち合うということでもあります。「物」が必要に応じて自然に訪れては去っていく中で、私は感謝の気持ちと共に何ひとつ不足のない暮らしをしています。何かを所有するということは、実際にはありえないということが、明らかに見えてきたからです。物は、ただグレースの広々とした空間の中をめぐっているにすぎないのです。

ここにはパラドックスが生まれます。すべてはグレースからの借りもので大切にすべき贈りものであると同時に、もしそれを他の誰かがもっと必要としているなら、執着せずに手放してその人の手の中にゆだねるべきなのです。

私は「物」に感謝してそれを大切にしていますが、それが去っていくときには、いっさい執着を感じなくなりました。その結果、私と「物」との関係は、ますます深く豊かになった反面、執着のない軽やかなものへと変わりました。

あの物語を聞いた瞑想リトリートから三年が過ぎたある日、ニューヨークで仕事をしていると、カリフォルニアに住んでいる親しい友人から電話がありました。マリブ海岸沿いの質素な我が家が山火事で燃えたという連絡でした。その家には、私にとって大切な物が詰まっていました。アルバムや書物、家族で過ごした日々の思い出の品々、数々の記念日にまつわるプレゼントや先祖から受け継いだ食器類、愛読書や日記、そして結婚式の写真など、一八年間の家族生活の思い出が一瞬にして燃え去ってしまったというだけでなく、経済的にも大きな打撃を受けました。

そのニュースを受け取ったとき、みぞおちのあたりで大きなショックを感じるだろうと思いました。火事で失ったものは、お金で買えるものではありませんでした。もともと質素な暮らしをしていた私たちでしたが、どうやって以前と同じ程度の生活を取り戻せばよいのか、見当もつきませんでした。いつ恐れや不安に襲われるだろうかと思いましたが、実際にはそのような感情は訪れませんでした。

そのかわりに、過去のしがらみの荷がおりたような、不思議な解放感を感じました。燃えてしまったものも、すべてはグレースからの借りものであって、私が身をゆだねていた感謝と完全さに満ちた空間は、それらの物を失ったからといっていっさい変わることはありませんでした。

私の前著である『癒しへの旅』（ＰＨＰ研究所）にも記しましたが、この火事はその後二年間に起こった数々の決別への序章でしかありませんでした。火事が原因で税金を滞納してしまい、税務局にすべての収入と預金を差し押さえられたり、突然結婚生活に終わりが訪れたり、娘とも疎遠になるというような出来事が次々と起こりました。ほんの二年のあいだで、それまで慣れ親しんできた生活が完全に崩れ去り、私は本当にすべてを失ってしまったのです。

けれど、私が身をゆだねていた、不変のグレースの中に息づく豊かさは、いっさい変わりませんでした。そして、まわりで何が起こっても、このグレースの完全さが減るということもありませんでした。もちろん、大切なものを失った時に感じる喪失感や痛みや悲しみなどの自然な感情を感じなかったわけではありませんが、それらの感情すら、この「満たされている」という深い安心の中を、ただ通り抜けていったのです。

あれから何年も経ち、今では深く満ちたりた二度目の結婚や、新しい人間関係やビジネスでの成功、ベストセラーの執筆、そして過去には想像もつかなかった恵まれたライフスタイルを、グレースから与えられています。けれど、そんな今でも、すべてはグレースからの借り物であるという気持ちは変わりません。私と「物」とのあいだで繰り広げられるダンスは、ますます軽やかになっています。自分がどんなに恵まれているかという認識が日々強まる中で、感謝の気持ちはますます深まり、この、はかなく短い人生という贈りものをしっかり味わいたいと思いつつ、日々を暮らしています。

このように、執着を捨てると、自由に羽ばたくことができるのです。

まわりの物への執着だけが、私たちの持つ執着ではありません。微妙でとらえにくいけれど、物と同様、あるいはそれ以上に私たちが執着しているものがあります。それは、考え方や、過去に得た知識や確信や思い込みなどで、これらは私たちの中に数多く潜んでいるのです。

私たちは、学校で学んだことや専門分野の訓練や知識、そして過去の経験が特定のアイディアを生むのを見て、だんだんそれを真実だと信じ込むようになります。すると私たちの中には、それに対する執着が生まれます。

知識や確信は偽りの安心感を生み、その目に見えない概念のセキュリティ・ブランケット（小さな子どもによくある、持っているだけで安心できる毛布。何か心を落ち着けてくれる物）は、普遍の真実から私たちを隔ててしまうのです。そして自分が持つ世界観が真実だという確信を持つことで、頭の中が凝り固まってしまい、人生を新しい目で見ることをやめてしまいます。何かに興味を抱いたり、生きていれば当然感じる畏怖や感嘆も感じなくなってしまいます。

過去の結果だけを参照して「もう分かりきっている」というラベルを何かに貼ると、それはすぐに生気を失って、しおれてしまいます。それらが今でも真実か、自分やまわりにとって本当に有益なのかを疑問視することもやめてしまい、古い確信を重い荷物のように引きずって暮らすようになってしまうのです。

「これはこういうものだ」という確信を持ってしまうと、新鮮な目で人生を見ることができなくなってしまいます。知識の後ろに隠れてしまい、誰よりも物事が分かっているとたかをくくって、純粋さや柔軟な心を失ってしまいます。

それらの確信は、まるで海に浮かぶ朽ちた流木のように、私たちの頭の中に滞留してしまいます。現実と真実の違いを考えることもやめてしまい、思い込みの牢屋に閉じ込められて、今この瞬間の自由やグレースや真実を経験できなくなってしまうのです。

この有効期限の切れてしまった古い知識や思い込みは、真の人生を経験する妨げとなります。古い確信の色眼鏡を通してすべてを見ていると、一瞬ごとに新しく生まれる、喜びや未知や神秘にあふれた人生から切り離されて、過去に閉じ込められてしまいます。

それが真実だと硬く信じていることを手放してはじめて、未知の中に自由を見出すことができるのです。もう知っていると思っていることを捨てることで、限りない叡智に出会えるのです。

ここに、何百年ものあいだマスターから弟子へと受け継がれてきた、美しい物語があります。この物語は、私たちが真実だと思い込んで大切にしてきた「朽ちた流木」を手放して、新鮮な未知の中に身をゆだねるようにと誘いかけてくれるでしょう。ここでもまた、あなたの意識を大きく広げて、子どものように素直で無邪気な心で、この教えに触れてみましょう。

あるところに、真実を探し求める探求者がいました。彼は歴代のマスターが成し遂げたように、悟りの境地を自ら体験したいと心の底から願っていました。

歴代のマスターは、貴重な聖典から悟りの知識を得たのだろうと考えた彼は、存在するすべての経典を読みあさりました。ヒンズー教の聖典ウパニシャッドを学び、ラーマーヤナの中の二万七千にものぼる韻文を習得し、ベーダの教本を暗記してその知識を吸収し、すべての儀式も熟知していました。マハーバーラタの音節もすべて記憶しました。キリスト教の聖ジェームス版の聖書も熟読して、知られざる古代の聖書の翻訳書にも没頭しました。マントラも覚えて、たくさんのヨガのポーズを難なくこなしていました。コーランを暗唱して、ユダヤ教のトーラーも深く学んでいました。ついには、すべての聖典や教本を読み尽くしてしまいました。

そのころ彼はすでに六〇歳になっており、まわりから偉大な学者と尊敬を受けるようになっていました。議論で負けたことはなく、どんな分野でも彼より知識を持つ人間はいませんでした。その無敵の知能と今までに授かった多くの称号や賞賛を、大変自慢に思っていました。

けれど彼は心の奥で、悟りを開くには何かが欠けているということを感じていました。本から得られる知識はもうこれ以上ありません。そこで彼は、悟りを開いたマスターに教えを乞うことにしました。

ヒマラヤの山奥に隠遁するある高齢の賢者のことを聞きつけた彼は、悟りを開くための最後の鍵を受け取るべく、長く厳しい旅に出る決意をしました。旅に必要な物資と、彼が所有する最も貴重な文献のいくつかを背負って、旅立ちました。

三週間と三日が過ぎましたが、やっと道のりの三分の二に達しただけでした。疲れて荷物がますます重く感じられるようになってきました。どうしたら荷を軽くすることができるだろうと、貴重な文献を一つ一つ眺めてみましたが、この本は世界に一冊しかない本だから、この本は学術功績の褒美《ほうび》として受け取った本だからと、一冊も減らすことができません。これらの本は、彼の集めてきた知識の象徴だったのです。とても貴重な、彼の一部でした。

本を捨てることはできないので、その代わりに他の物資を捨てることにしました。水を飲むときは川から手ですくって飲めばいいと、ブリキのカップを捨てました。ヤシの葉をお皿がわりに使えばいいと、重いお皿も捨てました。そしてナイフが一つあればことは足りると、他のナイフやフォークやスプーンも、すべて捨ててしまいました。こうしてやっと少し荷を軽くして、厳しい旅を続けました。

それから九日後、学者はついに、崖っぷちに建つマスターの小屋にたどり着きました。心身ともに疲れきった彼は、そこにいた弟子に、自分は悟りを開く最後の教えを受け取るために、長い道のりをはるばるやってきたと告げました。そして、優れた学者であり、すべての聖典や教本やマントラも知り尽くしているので、これ以上文献を習う必要はないことと、マスターの時間を無駄にするつもりはないので、ただ悟りを開くための知識だけを授かりたい、と伝えてくれるよう頼みました。

弟子はうなずいて、マスターの小屋に入っていきました。学者が期待して待っていると、弟子は「あなたのメッセージを受け取ったので、準備ができたら声をかけます」というマスターからの伝言を持って戻ってきました。

そこで学者はあらためて、「私は多忙だし、すでに著名な学者です。初歩的な教えを受け取るためにわざわざこの長い道のりを旅してきたのではありません。私が学ぶことは、もう何もないんです。すべての文献を熟知しています。悟りを得るためだけに来たのであり、時間を無駄にする気はないんです」と言いました。

弟子はそのメッセージを伝えに再度マスターの小屋に入っていきました。けれどマスターからの返事は「あなたのメッセージは受け取ったけれど、今は忙しいので準備ができたら声をかけます」というものでした。

この繰り返しで三日が過ぎ、そして四日目に弟子が同じメッセージを持って戻ってきた時には、ついにしびれを切らした学者は、弟子を押しのけて小屋に駆け込みました。

マスターの質素な部屋の床には、二つの座布団が置かれていました。その一つに座ったマスターは、お茶を入れようと湯を沸かしています。少しだけ顔を上げて学者を見たマスターは、何も言わずにまた、やかんに意識を戻しました。

人から一目おかれるのに慣れている学者は、この態度に口もきけないほどびっくりしてしまい、空いている座布団に崩れるように座り込んで、マスターが何か言うのを待っていました。けれどマスターはひと言も口をききません。彼は小屋に押し入ってきた学者よりも、カップの中のお茶の葉に興味があるようです。

怒りがこみ上げてきた学者が、一方的に話し出しました。自分が獲得した多くの学位をまくし立て、習得した聖典や教本や儀式を描写しはじめました。そして自分は国じゅうで最も高い知識を持っていると認められていて、悟りの知識を得るためだけにやってきたのだと言いました。著名でいつも多忙な自分は、マスターの時間ももちろん、自分の時間を一分たりとも無駄にはしたくないのだと。彼は、知るべきことはすべて知っている自分に必要なのは、最後の教えだけだと確信していました。

マスターは学者の話を聞き終わると、またお茶に意識を戻しました。そしてお茶が飲みごろになると、「お茶をご一緒にどうですか？」と言いました。

すっかり頭にきていた学者でしたが、肩をすくめてから、ひとまずお茶の誘いを受けました。そしてまた、先ほどと同じ話を、もっと声高に、とげとげしく、大げさな身ぶりをまじえて繰り返し、この依頼がどれほど緊急で重要なものかを強調しました。

マスターは学者の話を無言で聞いていましたが、話が終わると、空っぽのカップを一つ学者の前に置いて、お茶を注ぎはじめました。じきにカップからお茶があふれ出て、汚れた床にこぼれ出しました。

熱いお茶でやけどをしたくないと跳び上がった学者は、「マスター、マスター、注ぐのをやめてください！　お茶があふれてこぼれているのが見えないんですか！」と叫びました。このマスターは、歳のせいでぼけているのだろうと学者は思いはじめていました。

お茶を注ぐ手をとめたマスターは学者を見つめると、「しっかり見えていますよ。あなたはこのカップと同じだ。すでにたくさんの考えや概念や学んだ知識でいっぱいで、私が注げるものなど何もない。真実は、すでにいっぱいのカップの中には注げません。あふれ出て、無駄になってしまうからです。もし真実を受け取りたいと本当に望むなら、あなたが持ってきたその貴重な書物を、一番役に立つ方法で使えばいい。そうだな、ここは寒いので、燃料の代わりに燃やすのがいいだろう。そしてあなたが受け取った勲章や免状を、村の子どもたちにおもちゃとして与えなさい。いずれも子どもだましのガラクタだから。カップが本当に空っぽになったら、共にお茶を飲みましょう。そうすれば、あなたが望むものを味わえるかもしれない」と言いました。

いかがでしたか？　本当の自由は、執着のない空っぽの空間でのみ体験することができるのです。私たちが大切に抱えている固定観念や確信や思い込みや知識は、今は朽ちた流木と化してしまった過去の概念であって、新鮮な瞬間を知る妨げになるだけなのです。これらの古い概念は、色眼鏡のように、この瞬間の本当の色をゆがめてしまうのです。「もう分かりきっている」という思いを捨てることで、色眼鏡のフィルターを取り除くことができ、一つ一つの瞬間のありのままの姿が見えるようになるのです。「周知」を捨てることで、限りない未知の存在である悟りに出会えるわけです。

私たちが蓄えてきた観念や知識や意見や思い込みは、真実の窓にこびりついた汚れのようなもので、それを洗い流すことで、鮮明な、輝く存在を見ることができるのです。

「すべてを知っていると言う人間は、本当は何も知らず、何も知らないと言う人間ほど知っている」と言われますが、それはまさに真実なのです。

知らなくてもいいという子どものような純粋さに身をゆだねていると、逆に真実が見えるのです。そうすれば、人間関係やライフスタイルや物への執着や、概念や理解や確信や知識といったマインドの産物に意識を押しつぶされることもなく、全体像を見失うこともなくなるでしょう。

執着を捨てて生きたからといって、人生の経験が減少するわけではありません。物質世界に執着することも、内面世界の概念で凝り固まってしまうこともなくなるのです。意識の中をすべてが自由に軽々と通り抜けていくようになり、広々とした意識の中で、しなやかに暮らすようになるのです。しがみついたり、捕らえようとしたり、理解しようと苦しんだりすることへの執着を捨てると、広々とした自由に出会うことができるのです。

プロセス②　誘導内観：執着を手放して

この誘導内観も、いろいろなやり方が可能です。別売りのCD（訳者注：同前）を使うか、自分で録音するか、誰かに読んでもらうのもいいでしょう。自分で読みながら質問に答えてもかまいません。リラックスして、まず何度かしっかり深呼吸をして、意識をゆったりと広げて、自分の中に深く問いかけてみましょう。

ゆったりと落ち着ける静かな場所を選んで心地よく座ったら、あなたの意識がもうすでに広々としてくるのに気づくでしょう。

この誘導内観では、あなたの深いところから、自然に反応が浮かび上がるように、質問ごとに充分な時間をとりましょう。質問を聞いたら目を閉じて、自分の中から浮かび上がってくる答えに、耳を澄ませてみましょう。はじめは言葉が浮かび上がってくるかもしれませんが、質問を重ねるうちに意識がゆったりと広がり、言葉にならない深い認識へと変わるでしょう。答えにとらわれずに経験をしてみましょう。これは自己発見のプロセスです。

悟りの存在は、執着が消えて自由が訪れると、自然にその姿を現します。一生懸命に答えを探そうとしたり、すでに知っていることの中から答えを出そうとすると、意識が固まってしまいます。肩書きや、立場や、所属や、所有物や、人間関係や、ライフスタイルを通して自分を確定しようとすると、限りない永遠の世界から、切り離されてしまいます。

ここでは、「すでに知っていること」を手放す勇気が、自由への鍵となるでしょう。

では、目の前に意識をますます広げて・・・そして、後ろにも意識が広がっていくのを感じましょう・・・まわりじゅうにも限りなく・・・足元にも深く・・・頭上にも広々と・・・あなたの内側にも・・・外側にも・・・どこまでも。

そして、この大きな空間にゆったりと身をゆだねながら、以下の質問に答えてみましょう。

自分で質問を読んでいる場合は、それぞれの質問を読み終わったら、本を置いて目を閉じて、自分の中から自然に答えが浮かび上がってくるのを待ちましょう。

最初は言葉が現れるかもしれませんが、広々としたグレースに抱きかかえられながら質問を続けると、言葉も思考も存在しない場所へたどり着くかもしれません。

ありのままを自然に経験してみましょう。ゆったりと休みながら、質問を聞くたびに、自分の中の反応に意識を向けてみましょう。

①今まで、自分が誰であるかという概念を作り上げてきた、所有物や家族やライフスタイルをすべて失ったとしたら、そこには何が残りますか？　そこにいるのは誰でしょう・・・それらを失ったあなたは誰ですか・・・あなたはいったい誰でしょう？

②確信や概念、そして蓄えてきた知識をすべて失ったとしたら、そこには何が残りますか・・・それらを失ったあなたは誰でしょう？

③あなたが自分の価値を見出していた、仕事や専門知識や家や車や人間関係がなくなったとしたら・・・そこに残るのは何ですか・・・あなたは誰でしょう？

④あなたに生きる目的や方向性を与えてきた道しるべがなくなったら、そこには誰がいるでしょう・・・何もあなたを縛るものがないとしたら・・・あなたはいったい誰でしょう？

⑤あなたの家族や経歴や所有物や知識や財産や仕事を使って、他の人との人間関係を築くことができないとしたら、そこには何が残るでしょう・・・この質問に誰が答えているのでしょう・・・あなたは誰ですか？

⑥肩書きやレッテルをすべて脱ぎ捨てて、心の底から「あなたは誰ですか？」とたずねるとしたら、どんな答えが返ってくるでしょう？

あなたは誰でしょう・・・あなたは本当は誰なんでしょう・・・何が残るでしょう・・・あな

たは誰でしょう？

あなたの本当の姿のままで、しばらくのあいだ、そのまま休んでいましょう。そして用意ができたら、やさしく目をあけましょう。

あなたという、広々と限りない存在の中を軽やかに通り抜けていく存在のすべてを、そのまま歓迎しましょう。

第三章

〈今この瞬間〉の意識

「いま」に向けられた意識には、
はかりしれないパワーがあります。

あなたのすべてをこの瞬間にゆだねると、
「いま」のみの存在となり、
そこであなたを待っている自由と
出会うことができるのです。

「今この瞬間」にすべての意識を集中させると、そのいたってシンプルな行動に秘められた、偉大な力に気付くでしょう。思考を止めて意識を今に向けると、その瞬間にグレースが自動的に姿を現します。

「なぜ？」ときかれたら、神秘としか答えられませんが、これが事実であることは間違いありません。一度この原理を体験したら、なぜ今までこんな簡単なことを見過ごしていたのだろうと実感するでしょう。今に意識を向けると、そこに自由を見出すことができるのです。

では、ちょっと試してみましょう。

あなたの意識を今に向けてみましょう・・・過去や・・・未来をいっさい考えず・・・この瞬間に意識を向けましょう・・・今読んでいる文字に意識をゆったりと向けて・・・一文字一文字を眺めて・・・本の重さや・・・紙の厚さを感じて・・・ほのかな紙の匂いや・・・部屋の中の香りにも意識を向けてみましょう・・・ゆったりと落ち着けば、意識を今に向けることは簡単です・・・まわりで音がしているなら・・・それにもやさしく意識を向けて・・・ゆったりとリラックスしたままで・・・この瞬間に意識を向けてみましょう。

あなたのマインドが緊張したり、集中しようとして硬くなっていたら、やわらかくほぐしてあげましょう・・・一生懸命になっているのに気付いたら、それを変えたいと思うのではなく、ただ意識を広げてあげると、その緊張は自然にやわらいでいくでしょう・・・意識を大きく広げることで、マインドもリラックスしてくるのを感じてみましょう・・・マインドはどんな姿で現れているでしょうか・・・意識はどうでしょう・・・体はどうでしょう・・・思考はどんなふうに現れているでしょうか・・・感情はどうでしょう・・・ただ静かに動かず、今に身を置くと、ここには何があるでしょう？

今だけに意識を向けたら・・・いつもここにある静けさや限りない空間に気付くでしょう・・・この自由にも気付くでしょう・・・けれど私たちの意識は、たいてい、この瞬間以外のことに向けられています・・・グレースの存在は、すべての意識を今に向けた時にのみ、感じることができるのです。

過去何世紀にもわたって、ヨガの行者たちは今だけに向けられた意識の力を、熟知していました。そしてその力を自分のものにするために、宇宙や神や特定の何かに意識を固定させる鍛錬をしてきました。特定の音やマントラや祈祷を繰り返して意識を静める修行法を記した教本も、たくさん書かれています。ろうそくの炎やチャクラや自分の中の光に意識を集中し、座法を用いて、モンキー・マインドと呼ばれる常に落ち着きのない雑念にあふれたマインドを静め、永遠の静けさを得るための教えが説かれてきました。マインドが静止すれば思考のない永遠な静けさを得ることができるだろうと、マインドを使ってマインドを静めるようにしてきたのです。

マインドトーク（頭の中の会話・思考）が静まると、常にここにある自由で広々とした意識が姿を現すことは事実ですが、無理やり思考に集中したり、マインドを訓練しようとしたり、批判したり、手なずけようとしたりすることが、自由の体験を逆に遠ざけてしまい、静けさを味わえなくしてしまうことも事実です。思考を使って思考を静めようとするのは、しょせんは不可能なことなのです。無理して思考を抑えていても、それをやめたとたんに、頭の中に思考が洪水のように流れ込んでくるでしょう。これではまるで、汚れたフキンでお皿を拭くようなもので、さらに汚れが増すだけです。

もし、マインドが悪いのではないとしたら？　思考を拒んだり、思考を批判すること自体が、間違いだとしたら？　思考がなくなればと願ったり、考えることをやめようと努力したり、強い精神力や音やマントラやアファメーション（自分に繰り返す肯定の自己暗示）を使って思考と戦おうとすることが、そもそもの間違いだとしたら？

思考には、私たちが与える意味以外には何もないとしたら？　ただ意識の中を通り抜けていく言葉でしかないとしたら？　特別な意味を与えたり、重要視したり、戦ってエネルギーを注ぎ込むことが、逆に思考にしばられる原因だとしたら？　思考に意味を与えることは、不毛であるばかりでなく、かえって逆効果だとしたら？

ではその代わりに、広々とした空のような意識に身をゆだね、「いま」に焦点を向けて、思考に意識を向けたり思考と会話をしたりしないで、意識の空をただ横切らせたらどうなるでしょうか？

鮮明で広々とした意識の中を、まるで大空を横切る鳥の群れのように思考が横切っていくだけ、というのが私の経験です。遠ざかる鳥たちの鳴き声が聞こえていても、大空はいっさい変わりはありません。私の意識は無理なく今に向けられたままで、飛んでいく鳥たちが何をしようとまったく影響を受けないのです。ただ鳥が横切っていった、という事実に気付くだけです。

それは、自然でゆったりとリラックスした、無理のない経験です。もし何かを一生懸命やろうという衝動が浮かんできたら、ただ静かに止まって、息を深くついて、リラックスして、意識を「いま」に戻せばよいのです。

実際のところ、私たちは思考とたわむれるのが大好きです。過去の痛みや苦しみや不公平な扱いに関する物語を信じているからかもしれません。自分が被害者だと信じているからかもしれません。それらの物語によって今の自分が作られていると思っているからかもしれません。だからこそ、頭の中で同じような物語を繰り返しては、分析したり、ドラマ化したりしているのです。

けれども、本当はすべてが嘘だとしたら？　過去は過去であり、今ここにはもう存在しないのです。過去の痛みや苦しみを再び味わうために、それらを現時点の意識に引きずり込み、思考を使って薪をくべて、その炎をわざわざ激しく燃え上がらせているのです。

ここにあるのは、今だけです。ありがたいことに、私たちにはその瞬間ごとに新しく選択肢を選び直すチャンスが与えられているのです。思考をこちらから追いかけ回したり、パーティに招いてご馳走を振る舞ったり、あなたのエネルギーを与えてその力を強めたり、あなたを支配する権限を与えたりするのも、たしかにあなたの選択です。そして、空のように広い意識のままで思考が通り過ぎるのをただ見送るのもまた、あなたの選択なのです。

広々とした空は、何が通り抜けようと変わることはありません。けれど、横切る鳥をわざわざ捕まえて、餌を与えて大切にかごに入れて愛情を注いだり、その鳥が人生に意味を与えると信じたり、鳥が飛び去ったあとでも（思考はあなたがそれを意識しているあいだだけ存在するものなので、いつか必ず離れていきます）、後々まで人生や誰かを責める武器にしたりするならば、その痛みの物語の炎を永久に燃やし続けることになるでしょう。

しがみ付かなければ、思考は自然に去っていくのです。私たちは、自ら作りあげた物語を生きてその物語に他の人たちを巻き込んだり、セラピストのところへ行って「私の苦しみ」の物語を細かく分析したりします。そして、思考を崇拝してまるで宗教のように扱い、これこそが自己認識の鍵だと信じ込んで、自分の人生を支配させる力を与えてしまうことさえあります。

しかしあなたは、そのゲームをやめることもできるのです。

私は、科学に基づいた、自由選択に関するある定義を持っています。近年科学者が発見したことですが、すべての思考が起こる直前には瞬間的な空白の隙間があり、その隙間の直後に、私たちはその思考に気付くという研究です。ということは、その瞬間的な隙間の中で、私たちには選択権が与えられているということになります。思考を追いかけてそれに意味を与えることを選ぶか、追わずに今この瞬間だけに意識を向けて、思考を自由に羽ばたく鳥のように自然に通り抜けさせることを選ぶかは、あなたの選択なのです。

そして、その選択は絶え間なく訪れているのです。何を選ぶかは、あなたの自由です。

これこそが自由選択の定義でしょう。思考を追いかけて自らの痛みや苦しみに溺れるのも、思考をただ自然に通り抜けさせるのも、すべてはあなたの選択です。

ある段階から、思考に飽きて、過去の物語にも疲れてしまった私は、近年は思考が浮かび上がってきても、それを信じないだけでなく、耳を傾けたり注意を払うのが面倒になってしまいました。今では、自分のマインドが作り上げるお話は、まるで信じていません。思考は私の意識の中に浮かび上がってくる言葉でしかありません。私が意味を与えない限り、何の意味も持ちません。

不思議なことに、過去の苦しみに意味を与えたり、まだ起きていない将来での痛みを想像することに興味がなくなってしまった私に、思考は「遊ぼう?」と誘いかけてこなくなりました。私が薪をくべたり、エネルギーを注ぎ込んだり、誘いに乗ったりしないことが分かって、めったに浮かんでこなくなったのです。こうして、私にとって思考は何の意味も持たなくなり、長い時間を思考のない状態で過ごすようになりました。私は無理やり思考を追い払ったり、逆に意識を集中させたり、アファメーションやマントラを繰り返してマインドを無理やり訓練したわけではありません。それはひとえに、思考をいっさい拒まないことを選んだからです。

思考によって苦しめられることを選ぶことで、人生にどんな楽しみがあるでしょう？　思考に飽きた私が、純粋で無邪気な子どものように思考のない意識の中で過ごしていたために、思考も私に飽きてしまい、あえて浮かんでこようとはしなくなったのでしょう。

このように、思考は自由に訪れて、そして自由に去っていくものです。そして、広々とした大空のような意識で過ごすことは、とても開放的で簡単なことなのです。

それでは次のワークを行ってみましょう。同じようにCDを聴くか自分の声を録音して試してみましょう。

目を閉じて、あなたの意識そのものに、ゆったりと意識を向けると・・・もう目の前に意識が広がっているのが感じられるでしょう・・・後ろにも広々と自由に・・・まわり全体にもただ自由に・・・そしてこの広々とした意識のままで、すべての思考を招いてみましょう・・・心から歓迎してあげましょう・・・すべての思考をこの広々とした意識の空に流れ込ませて・・・とてもさわがしくても、大歓迎して・・・あなた自身の思考だけでなく、今まで存在したすべての思考を迎え入れて・・・人類すべての思考をここに招いてみましょう。

この広い意識のままで、体をリラックスさせて、浮かび上がってくる思考は、いっさい拒まず、すべてを意識の中に流れ込ませて・・・じっと動かず静かに心を広げたままで・・・思考が現れたことで、あなたの本質に何か変化がありましたか・・・この大空に何か変わりがありましたか？

このワークをはじめて試された多くの方が、本当にゆったりとリラックスした意識の中には、いくら思考を招いても、何も現れないという経験をされるようです。

それは神秘であり、本当の秘訣です。抵抗されずに歓迎された思考は、浮かぶのも浮かばないのも、自由だということに気付くのです。あなたに拒まれたり、攻撃されたりすることもなければ、特に相手をされることもないということに気付くのです。そして邪魔されることもなく歓迎された思考は、やっと休むことができ、意識もゆったりと自由に休むことができるのです。

また、このワークをはじめて試した場合、それにともなって数え切れないほどの思考が、ダムが決壊したように流れ込んでくることもあります。そうだとしても、その思考が大空に何らかの影響を与えたでしょうか？　広い意識は、思考が訪れたことで、変化したでしょうか？　自然体でこのワークを試したあなたなら、自分の本質や存在そのものはいっさい変わらないことに気付いたでしょう。

そこで、また同じ質問が浮かんできます。思考を空から引きずりおろして、自分のエネルギーや時間を費やしたり、自ら作り上げた痛みやドラマに意識を集中させるか、それとも大空のような広々とした意識のままで、思考に自由を与えるか。

この選択はあなたのものです。そして、これこそが本当の自由選択なのです。


もう一つ、人生に痛みや苦しみやドラマを加えるためでなく、単に答えを探すのが楽しいので、いろいろなことを考えることもよくあります。けれどこの「考えるマインド」から生まれる思考は、すでに知っていること、学んだり経験したことからしか答えは出せません。そして結果的には習慣的な対応をするだけです。こういった思考は、芸を教え込まれた動物のようなもので、私たちが仕込んだ特定の方法や学習済みの方程式に従っているだけなのです。

それに対して、「無限のマインド」は未知の可能性そのものであり、天才的なインスピレーション（ひらめき）にあふれた自由な思考を生み出します。真のインスピレーションを得るには、未知の中に意識を向けて、すでに知っていることや、決まりきった方式や、社会の常識やしきたりにとらわれずに、何が起こるか分からない、その未知の瞬間に身をゆだねることが必要です。その一つ一つの瞬間に人生が見せてくれるものを、新鮮な気持ちで受け取ることが大切です。

実はこの本も、そんな「未知」が書いています。私を通してページの上にどんな文章が現れるのか、いっさい分からないのです。この一つ前の文章を書いた時も、それを書き終わるまでに何が現れるのか、ぜんぜん分かりませんでした。

知らないでいることには、勇気がいります。それは意識的な選択です。子どものような純粋さでいることと、この瞬間だけに意識を向けることは、同じことなのです。今この瞬間に集中するということは、意味を求めて過去を探ったり、何が起こりえるのかと将来を想像したりしないで、この瞬間だけに意識を向けるということです。そして次の瞬間が訪れたら、またその瞬間のみに意識を向けて、その次に訪れる瞬間にもまた新たに意識を向けることなのです。すると、人生は終わることなく連なった、新鮮な瞬間の連続となるのです。今は今で、いつもここにあるのです。

「考えるマインド」の大好きな質問は「なぜ?」です。その答えを探しはじめると、次々と終わることのない疑問と質問が繰り返されて、混乱してしまいます。そして、今この瞬間を体験する機会を逃してしまいます。

「なぜ?」という質問、たとえば「なぜ空は青いんだろう?」、「なぜ母の顔が今、頭に浮かんだのだろう?」、「なぜあの人はあんなことをしているんだろう?」、「なぜ私にはうまくできないんだろう?」という質問が浮かび上ると、頭の中は空回りして、今この瞬間から離れてしまいます。

このことに関して、私の親友で『Passionate Presence（情熱的なあり方）』の著者でもある、スピリチュアル・ティーチャーのキャサリン・イングラムから、すばらしいメタファー（比喩）を聞いたことがあります。

キャサリンはこんな時、〈空想のバケツ〉を使うことを勧めています。知らないことを入れるバケツで、私も〈ミステリーバケツ〉と名づけて、すべての「なぜ？」を投げ入れています。

「なぜ空は青いんだろう？」……知らない……バケツへ、「なぜ母の顔が今、頭に浮かんだのだろう？」……知らない……バケツへ、「なぜ、私にはうまくできないんだろう？」……知らない……バケツへ、と入れてしまうのです。

とても簡単なことですが、これには大きなパワーがあります。正直に言って、私はまるで自分の人生すべてが、このバケツの中に入っているような気が、しょっちゅうしています。

せっかくですから、ここで試してみてください。今あなたが考える「なぜ？」をすべてバケツに投げ入れて、あなたの意識をこの瞬間に向けるのです。まず「なぜ？」の質問をして、その後すかさず「知らない」と答えながらその質問を〈知らないことを入れる空想のバケツ〉に投げ入れてみましょう。

いかがですか？　どれだけ自由で楽な気持ちがするか、感じていただけたと思います。

「それじゃあどうすれば、その時々にするべきことが分かるんですか？」と疑問を持たれた方もいるでしょう。「無限のマインド」の限りない叡智が、一つ一つの瞬間に何が必要かをすべて知っていて、しかもその答えに気付くタイミングまで、すべてを把握しているというのが、私の経験です。

いつどのように歯を磨いたり、税金の申告書の計算をしたり、子どもたちの世話をしたり、仕事や作業をするのがよいのかも、すべて知っています。お皿を洗っていようが、友だちの話を聞いていていようが、パソコンで仕事をしていようが、今していることのみにすべての意識を向けていれば、その瞬間の静けさの中でグレースが最適な答えや行動を示してくれるのです。

けれど、いつまでも「なぜ？」を繰り返していると、どんどん「今」から遠ざかってしまい、効率性も減ってしまって、場合によっては無駄な作業ばかりとなってしまいます。

最近、スタッフの一人、トリシアが、今この瞬間から意識をそらすことがどんなに無駄か、という体験談を話してくれました。彼女は仕事が山積みになっている時に、過去の失敗の経験に意識を向けたり、仕事をこなせなかった場合の未来を想像したりすると、その過去の出来事に関する罪の意識を感じたり、自分が想像した未来に足がすくむような恐怖を感じてしまい、意識は硬く縮み、体もこわばってしまい、結局なにもできずに終わってしまう、という自分のパターンを見つけたと言うのです。

彼女の新しい作戦は、今という瞬間から離れてしまうそのパターンを繰り返しそうになったら、すぐにその過去や未来を追いかけるゲームをやめて、意識を今この瞬間だけに向けて、目の前にある仕事のみに愛と意識を注ぎ込むというものです。すると、無理なく今この瞬間に戻ることができて、ストレスを感じることもなく、くつろぎと安心と自由の中で効率良く仕事をこなすことができるようになったと、話してくれました。

ストレスは、私たちが自ら選んで過去のつらい物語の中に住みついたり、将来の限られた想像画の中に意識を萎縮させることから生まれます。

幸いなことに、私たちには選択権があります。ストレスの中に住みつくことを選ぶか、今この瞬間に意識を向けることで優雅で無理のない状況を選ぶかは、私たちの選択です。

自由とはすなわち、選択権があるということです。

ここでまた、例の「なぜ？」が現れたら、ただ静かに止まって「知らない」と言い、その質問をあのバケツの中へ投げ捨てることを選びましょう。そして、いま目の前にある仕事だけに、意識を向けましょう。そこに広がる自由と解放感に、きっとびっくりするはずです。

さて、つい最近のことですが、すべての意識をこの瞬間に向けて、時を超えた空間に身をゆだねさえすれば、グレースがその魔法を見せてくれるということを思い知らされる、幸運な経験をしました。限られた時間の中で、多大なプレッシャーがあっても、その瞬間にすべての意識を向けたなら、グレースが奇跡を起こしてくれるという経験です。

私はここ数年、セミナーのスケジュールがびっしりと詰まった日々を過ごしてきました。一年五二週間のうち四四週間はセミナーを行い、残りの数週間に、著作活動やメディアとのやり取りや、家族と共に過ごす休暇を組み込んだ生活を送るのです。そしてセミナーや講演に多くの時間を費やしているだけでなく、そのために目まぐるしい速度で世界じゅうを駆け回ります。世界各地でセミナーのツアーを行っていて、イギリスからヨーロッパ各地を回ったあとでアメリカへ行き、さらにオーストラリアやニュージーランドへ行った後に南アフリカ経由でいったんイギリスへ戻り、その後に上級セミナーのために再度世界を回るのです。

こんな目まぐるしい速度のセミナーツアーをしていると、よく人から「ブランドン、あなたは他のティーチャーの三倍ものセミナーやリトリートのスケジュールを、どうやってこなしているの?」と聞かれます。その質問に、私は肩をすくめてみせます。グレースのおかげだとしか言えません。もし私が自力で「やって」いたとしたら、この厳しいスケジュールをこなすことはとうていできないはずなのです。私の体は一カ所にしかいられませんし、いつも、いま目の前にある仕事に意識を向けているだけなのです。

そう、今この瞬間にいるのみです。過去をこの瞬間に引きずり込む時間の余裕はありませんし、将来どんなことが起こりえるか、それにどう対処するかを考えたり心配したりしている時間もエネルギーもありません。

ですから、今この瞬間にのみ意識を向けて過ごしています。「いま」から意識をそらすと、膨大なエネルギーの無駄になってしまうからです。

この事実は、ほんの三日ほど前に、ジャーニー社の若い社員、マーティンとイボンヌの結婚式を私の自宅で催して進行役を務めたときほど、明らかだったことはありませんでした。

夏の家族旅行から戻ってくると、次の海外でのセミナーへ出向くまでの「準備週間」と呼んでいる一週間のあいだ、ひと時たりとも休めないような膨大な量の予定が詰まっていました。数々のミーティングやプレゼンター向けのセミナーやスタッフ会議などの予定が詰まったイギリスでのこの準備期間を過ごした後には、またヨーロッパ各地と南アフリカとオーストラリアでのリトリートが待っていました。

もし私がこれからの仕事や責任に意識を向けたら、その重みに押しつぶされてしまうでしょう。まだ今この瞬間に存在していないものに思いを馳せたり、すでに過ぎてしまったことを悔やんだりしている時間はありません。真実、今があるだけです。

そしてそんな一週間のあいだに、マーティンとイボンヌの結婚式も予定されていたのです。結婚式は、心から敬意をもって望むべき、神聖で大切な儀式です。セミナーに対する大きな責任があるからといって、式の準備は他の仕事の合間に無理やり押し込むべきものではありません。

ここで私がこの話の背景を特に詳しく書いた理由は、私たちは往々にして、「もしこんなに忙しくさえなければ」とか、「すべてが思い通りにいっていさえすれば、この瞬間に意識を向けることができるのに」と思い込んでいるところがあるからです。でもこの考え方は、真実でも現実でもなく、いろいろなことを先伸ばしにする原因となってしまいます。本当にこの瞬間だけに身を置いているのなら、それがたとえ嵐の中であろうと、グレースはすべてを効率よく、最も適切な形で実現してくれるのです。私たちの思考が無駄に過去に向いていたり、想像した未来にとらわれていたら、意識はもう、この瞬間には存在できません。マインドもどこかに行ってしまって、するべきことをするのに二倍もの時間がかかってしまうでしょう。

さて、この一週間の準備期間に、マーティンとイボンヌは、食事、音楽、式の進行、プログラム、世話役、結婚の誓い、買いもの、衣装、花や飾りつけ、庭の仮設テント、席順、レンタル器具などに関しての相談に、何度も足を運んできました。私は二人との打ち合わせを、他のどれも重要で変えることが不可能な予定の中で、こなさなければなりませんでした。

けれど、彼ら花婿と花嫁とのミーティングは、グレースから優雅で美しい結婚式にするためのインスピレーションを受け取るために共に意識を開いていたので、まるで時間が止まったかのような静けさがあり、その中で私は、このカップルの無数の質問や要望に根気よく意識を集中させることができたのです。

結婚式の当日が迫り、食料品の買い出しや、お皿やグラスなどの食器類や、テーブルクロスのレンタルや、フラワーアレンジメントや印刷物の手配や、音楽の準備など、たくさんすることがありましたが、私は誰かに任せたりせずに、一つ一つ大切にこなしていきました。

そして式の前日の土曜日には、ジャーニーチームのメンバーと手分けをして、最後の準備を進めました。

神聖な祭典である結婚式の場所を提供して、食事や飾り付けを含めた準備全般を引き受けて、進行役も務めるとしたら、その忙しさとプレッシャーの下でつぶれてもおかしくはないと思われるかもしれませんが、私は逆に、そんなことをしている余裕すらありませんでした。一つ一つの瞬間にすべてをゆだねるしか、選択はなかったのです。

するとまるで魔法のように驚くことが、土曜日には続けて起こりました。人の目には、まさに我が家は大混乱の嵐の真っただ中にあるように見えたでしょう。実際、配達にやってきた誰かの口から、「まるでサーカスみたいだ」という言葉が漏れるのが聞こえました。けれど、チームのみんながそれぞれの瞬間に身をゆだねて料理や掃除や飾りつけなど数え切れないほどの仕事を軽々とこなし、私の家は神聖さに満ちた美しいチャペルへと変身していきました。

この嵐の真っただ中で、静かに座って新郎新婦の二人と最後の細かい打ち合わせをしたときには、まるで時間が止まったかのようでした。意識がこの瞬間に広々と広がって、まわりのものも人も、すべてが私のいるこの空間に迎え入れられている、という感じでした。

私たちの打ち合わせは、途中でフラワーアレンジメントをチェックしたり、誰かが味見を頼みにきたり、音響装置の使い方をたずねにきたり、仮設テントの位置や椅子やクッションの置き方の相談や、招待客の駐車場などを決めるために、しばしば中断されました。でも不思議なことに、なぜか時間は充分あるという、ゆったりした気持ちがしていました。他の質問に答えたり、数々の決断をしながらも二人からの意識は外さずに、三人のあいだの会話はゆったりと引き伸ばされた時間の中で行われていました。

その自由で広々とした空間には、さらに新しいインスピレーションが生まれる余裕さえありました。そして式の当日は、グレースに満ちた輝かしく美しい日となりました。まさに、今にすべてをゆだねてグレースに主導権を握ってもらった結果としか言えませんでした。

私たち自身の意識と愛を、今この瞬間にゆだねると、時間はもはや幻想となり、グレースがそれに取って代わってくれるのだと、近ごろはつくづく思っています。もちろんそれが、事実なのかどうかは分かりませんが、私にはそう感じられるのです。

自然は空白を好まない、という性質があります。今この瞬間にすべてを捧げると、あなたの中に空白ができて、その空白にグレースが流れ込み、あなたという器を通して起こるべきことを現実化してくれるのです。そこには無理がいっさいなく、まるで自由の中で軽々と空気が踊っているかのようです。「誰かが何かをしている」という感じはありません。人生そのものが、ただ自由にダンスを踊っているのです。

あなたに送られたグレースからの招待状には、「ストップ」と書かれています。今この瞬間にいられない言い訳をやめて、過去や未来に関する思考とたわむれたり、「なぜ?」や「どのように?」という質問もやめましょう。とどまることのない人生の流れに逆らうのもやめて、「やるべきことがたくさんある」と抗議をするのもやめて、今この瞬間を構成する事実から逃げようとするのもやめましょう。

そして、ただこの場に「静止」しましょう。

自由の喜びがそこには待っています。あなたがすべてを今この瞬間にゆだねると、自由はその姿を現してくれるでしょう。今はただ静かに止まって、すべてを人生の流れにゆだねるときです。もちろん、それはあなたの選択です。でもそれを選ぶことで、あなたはすばらしい発見をすることができるのです。

自由はすでにここ、ここに存在しているのです。

プロセス③ 誘導内観:今この瞬間の意識

ではここで、強い自己批判のパターンから解放されるのに役立つプロセスを、ご紹介したいと思います。自己批判は、今この瞬間から私たちの意識をそらして、今に生きることを不可能にしてしまいます。今この瞬間をベールのように覆って、その美しさを隠してしまうのです。

批判を手放して自分を許すことで、あなたは今この瞬間に存在することができるのです。今に生きることが、ごく簡単で自然なこととなって、そこにあるグレースの美しさを充分に味わうことができるでしょう。

深い責任を感じて苦しんだり、たくさんの自己批判にしばられたり、決して黙ることのない自分の中の批評家の声に悩まされているときに、とても有効なプロセスで、私のセミナーでも積極的に紹介している手法です。

どんな人でも自己批判であふれたマインドトークを四六時中聞かされたら、次第にうんざりしてくるのは当然です。これに対処する最も有効な方法は、どれほど多くの自己批判があるかを認識して、自分を許すことです。私たちはたいてい、自分というものをとても厳しく扱っていますが、ほとんどの人はそれに気付いていません。ぜひこのプロセスを通して自己批判の嘘を見抜き、エゴの罠から自由になっていただきたいと思います。

このプロセスは、目を閉じて行う誘導内観ですので、これまでと同じくCDを使うか、自分の声を録音するか、誰かに読んでもらいましょう。

まず目を閉じて何度か深呼吸をしたら、ゆったりした息づかいに戻してみましょう。そして、あなたの意識を意識そのものに向けて・・・目の前にゆったりとその意識を広げて・・・後ろにも広く・・・まわりじゅうにも限りなく広がるのを感じながら・・・この静けさの中に、あなたをゆだねてみましょう。

そして、あなたの心の目で、キャンプファイアーを想像してみましょう。このキャンプファイアーは無条件の愛と受容の炎で燃えています。

このキャンプファイアーのまわりには、二人のあなたがいます。まず一人目は、これまでたくさんの責任を感じたり、自己批判にあふれていたあなたです。子どもの時のあなたでも、最近のあなたでもかまいません（以下、「あの時のあなた」と呼びます）。そしてもちろん、現在のあなたもいます。

あの時のあなたをじっとみつめると、何をしても決して充分だと言ってもらえず、耐えられない無価値感を感じているのが分かるでしょう。少し何かがうまくいっても、ほめてもらうどころか、どうしたらもっとうまくできたかを指摘されるのです。

あの時のあなたは、自分自身や他の人たちの厳しい基準の鋳型にはめられて、どんなに一生懸命頑張ってもその期待に応えたり基準を満たすことはできず、つらい思いをしていたのです。

そして厳しい自己批判の中で、あの時のあなたは本当の自分を見失ってしまったのです。自分の本質が、どれほど美しく雄大ですばらしいかを忘れて、もとより不可能な規準に、一生懸命自分を合わせようとしてきたのです。

あの時のあなたの姿を見て、どれほどみじめな思いをしたり、絶望していたかを感じてみましょう。そして声に出して、このキャンプファイアーにいる、あの時のあなたに、こう言ってあげましょう（声を出して繰り返しましょう）。

「今まで批判ばかりしてきて、本当にごめんなさい・・・あんなに厳しい基準は、どんなに頑張っても満たせるはずがないのに、それを無理じいして・・・いつも厳しくあたって・・・あなたを型にはめこんで、少しでもそこから外れると、ますます厳しく批判をして・・・本当にごめんなさい」

「グレースにあふれたあなたの本質が、どれほど美しいかを忘れて・・・他の誰かの意見や考えをうのみにして、あなたの本当の姿を見失ってしまって・・・本当にごめんなさい・・・どうぞ許してください」

次にまるで鎧《よろい》をはずすように、今のあなたの胸を大きく開けて、あの時のあなたからの許しを受けとって、あなたの中にしみ込ませましょう・・・ここで充分な時間をとって、心を開いて、今までの批判に対する許しをしっかりと受け取りましょう。そして、あの時のあなたに、こう言ってあげましょう。

「今この瞬間から、あなたを責めるのをいっさいやめると約束します・・・私が押しつけた厳しい基準をあなたが満たせなかったことも許します」

そして今度は逆に、ありのままを受け入れる無条件の愛と許しが、鎧をはずして大きく心を開いたあの時のあなたの中にしみこんでいくのを眺めながら・・・それをしっかりと感じてみましょう。

それが起こっているあいだに、もう一度「今まで本当にごめんなさい・・・これからはあなたの中にあるグレースの輝く光だけに目を向けます」と言いながら、あの時のあなたが着ている「自己批判の重いコート」をそっと脱がせて、キャンプファイアーの炎の中に投げ入れて、そのコートが燃えてしまうのを、心の目で眺めましょう。

そうしたら今度は、あの時のあなたに、美しい風船をあげましょう。最初の風船は自己愛の風船です・・・あの時のあなたに、自分を愛する風船をしっかり吸い込ませてあげましょう・・・そして自分をありのまま受け入れる風船・・・それもしっかりと吸い込ませて・・・あなたが聖なる存在だと常に教えてくれる深い認識の風船・・・それもしっかりと吸い込ませて、あの時のあなたをこの美しい風船の中身で満たしましょう。

そしてあの時のあなたに向かって、こう繰り返しましょう。「今まであなたにつらい思いをさせたり、厳しく批判をしたりして、本当にごめんなさい・・・これからは、私があなたを愛して、守っていきます。そして、私たちの中のグレースそのものに意識を向けて過ごしていきます・・・あなたは真実と美にあふれた、すばらしい存在です」

あの時のあなたを抱きしめてあげ、自分はグレースそのものであり、すでに「完全」である、という理解と深い自己愛の気持ちとともに、今のあなたの中に統合し、成長させてあげましょう。

さて、ここでもう一度あなたの意識を目の前に広げて・・・後ろにも限りなく・・・まわりじゅうにも・・・足元にも深く・・・頭上にもどこまでも広く・・・この愛と受容の空の中で、ゆったりと休んでみましょう。

あなたの中のすべてが統合されて、この自由と自己愛と受容とともに生きていく準備ができたら、あなたははじめて目をあけられるでしょう。さて、準備ができたら、目をあけて、ありのままの自分を受け入れながら、そのままゆったりと休みましょう。

第四章

〈畏敬と感動〉がもたらすもの

畏敬と感動はグレースの両翼です。
その翼で、自由な空へと舞い上がりましょう。

「感動」は、子どものような純粋さの中でのみ体験できる、グレースの香りです。

感動という言葉は、自由を語るのにまず最初に思い浮かぶ言葉ではありませんが、グレースに身をゆだねていると、まわり全体にあふれる壮麗さに深く心を打たれて、感動がわきあがり、感嘆と感謝の気持ちがあふれてくるのです。

感動は、今に完全に身を置いている時にのみ、感じることができます。次の瞬間のことを考えたり過去を現在に引きずり込んだ時ではなく、比較や予想や期待が消えた時にだけ、出会うことができます。

ある夏の夜に、私はハワイのマウイ島で強烈な感動と感嘆を感じたことがあります。それは、夏の太陽を浴びながらゆったりとボートの上で揺られて過ごした一日の終わり、沈みはじめた夕日を横目に見ながら、親友のベッキーと埠頭で立ち話をしていた時のことです。少し船酔い気味だった私は、埠頭に立ってベッキーの話に聞き入っていました。

すると突然彼女のサングラスに、オレンジ色の光が反射して、私のリラックスした意識がその瞬間、とぎすまされました。彼女のサングラスに映っているオレンジ色の光に引き寄せられながら水平線に視線を移すと、燃えるようなオレンジ色の太陽が、まさに水平線の向こうに沈むところでした。海の色は濃紺に変わり、薄い水色の空には、珊瑚《さんご》のようなピンク色の細雲が横切っておおり、とてもやわらかく美しい光景でした。そして、沈む直前の太陽のオレンジ色の光が海面に長い帯のように反射していて、波で揺れるその光は、まるで生きているかのようでした。

そのあまりの美しさに、私は息をのみました。しばらくのあいだ、口をきくこともできずにいた私の目には、感動の涙が浮かびました。そして沈黙のままその場に釘付けになって、太陽が完全に沈んでしまうまで刻々と変わり続ける光と色の美しいショーに見入っていました。

それはまるで、永遠そのものを眺めているようでした。桟橋に打ち寄せる波の音以外は、限りない静寂が広がっていました。

日が沈むと、空の水色は深い紺色に変わり、丸い月が姿を現して、かすかな涼しい風が吹きはじめました。すべてが静まりかえっていました。

私はその壮麗さに心を深く打たれて、これ以上この美しさに触れたら、胸がはち切れてしまうのではと思うほどでした。そして、私の中には、深い感嘆が洪水のようになだれ込んできました。そして、理由もない純粋な感謝が生まれて、涙が私の頬を濡らしました。その瞬間は、永遠に続くかのように思えました。

次の夜、私は前夜と同じような雄大な美しさに出会って、またあの感動と感嘆を感じたいと思い、同じ埠頭に出かけました。でも残念ながら、前日と同じような光景は、見られませんでした。前夜のような幸せな体験がまたできることを期待して、それを探し求めていた私には、その甘く香る夏の夜にちりばめられているその日の夜の繊細な美しさが、目に映らなかったのです。

その日の夜は、パステルのような淡い色の夜でしたが、その美しさは、昨夜と比べると物足りない感じがしたのです。神の恩寵をうけているという気持ちが欠けていたので、真の感嘆がそこにはありませんでした。

あの感動を呼びもどすことができないかと願いながら、私は目を閉じて見ました。そして全身全霊でゆうべの壮麗さを頭の中に描いてみましたが、あの鳥肌がたつような幸福を感じるどころか、その光景は色あせて見えました。まるで古い家族写真を見ているようで、すべてあるべきものはそこにそろっているのですが、新鮮さも生き生きとした命の息吹きも感じられず、もちろんあの感嘆を味わうこともできませんでした。

埠頭に立ちつくして、その景色を過去の経験と比べるのに忙しい私は、目の前に広がる、まさにパラダイスそのものとしか言えない景色に、気付くことができなかったのです。今この瞬間を過去の色眼鏡のフィルターを通して眺めていたので、その景色が歪んで見えていたのです。

その夜の壮麗な景色を、前夜とは色も香りも違うからということで、すっかり見過ごしていたのです。前夜の夕日が最高の夕日だと決めこんで、その瞬間に姿を現していたグレースの刻々と変化する壮麗さを感じることができずに、グレースは望みをきいてくれなかったという思いで、がっかりしてしまったというわけです。

そのせいで、次の日は何も期待せずに海を眺めていました。あの体験は、ほんのつかのまのもので、すでに消え去ってしまったのだと思いつつ、海から目をそらして砂に目線を下ろし、足の指で砂を触ってみました。夕日が沈みはじめ、影がどんどん長くなり、砂が急に冷たく感じられました。足の親指で壊れた貝殻と遊んでいると、砂から細かい泡が吹き出してきました。急に波が打ち寄せてきて私の足を濡らすと、その泡をさらっていってしまいました。その小さな出来事に意識をうばわれた瞬間、私の中でかすかな幸福が泡のように浮き上がってきました。そして砂に目をやると、壊れて白く色あせた貝殻が、ピンク色に染まっていくのが目に付きました。何気なく視線を上げると、夕日がまさに水平線の向こうへ沈むところでした。そして私は、またもその美しさに目を奪われてしまいました。まわりにあふれる景色の壮麗さに、私のハートは再び感謝と感嘆で満たされたのです。

こうして私は、比較したり、固執したり、この瞬間を無理やり記憶の中にとどめようとしたりするのをやめて、この日の太陽が沈みきるまで、その感嘆の中で過ごすことができました。甘い静けさに包まれて家に戻った時には、もう何も言葉にする必要がありませんでした。あの壮麗さを言葉で表現することはしょせん無理ですし、それを描写しようとすることで、かえって過去に追いやることになるからです。記憶にラベルを貼って、ある経験の思い出として描写するという行為は、そのとき味わっていた甘い静けさから自分を引きずり出してしまうだけなのだと、分かったからです。

グレースとは、まさにそういうものなのです。過去の思いや考えや経験を今この瞬間に引きずり込んで比較したり、過去の何かを今この瞬間に持ち込むという行為そのものが、ここに存在しているグレースの美しさを歪めてしまうのです。

予想や期待をすっかり手放して、あるがままで、すべての意識を今この瞬間に向けている時にだけ、心からの感謝と感嘆が、自然にわきあがるのです。将来のことを考えたり、過去を再び経験したいと思ったりしなければ、グレースが姿を現した時、それに気付くことができるのです。

無邪気な子どものような純粋さの中にいれば、自然に感動を感じるのです。

ある日の夕日が他の日の夕日よりすばらしいというわけでも、その光景そのものが幸福をもたらすのでもありません。「誰」がそれを見ているのかということなのです。あなたの中のグレースが自らの創造物に感動したその瞬間に、私たちもそれを感じるのです。

過去や未来に意識を向けずに、今この瞬間に身を置くことで、すべての創造物のありのままの姿を体験することが可能となり、そこには自然に感動が生まれます。

そして感動と感嘆が生まれると、そこにはグレースのもう一つの香りが漂ってきます。創造の美しさに敬意を表して、それを尊んで大切にしたいという願いです。まるでこの二つは一羽の鳥の両翼のようなものです。感嘆は必ず畏敬を生み、何かを敬うと、感動がますます強まります。

ここで私の大好きな物語を、皆さんにお話ししたいと思います。畏敬をもって大切にすることが感嘆と感謝につながるということを語った、とても美しい物語です。ゆったりとリラックスして、この物語を味わってください。

ある所に、大変だらしない暮し方をしている女性がいました。ひどく太っていて、人には言えない自己嫌悪に陥って、鬱病にかかっていました。自分では気付かないうちに、家の中も、彼女の心の中の乱れと屈辱を反映していました。彼女は重苦しい気持ちに包み込まれて、家じゅうに溜まっていくゴタゴタを片付けるエネルギーもありませんでした。雑誌は椅子のまわりに高々と積まれ、電話帳は地図と一緒に開いたままで転がり、走り書きのメモがソファの後ろに溜まっていました。本は本棚に戻されることもなく、あちらこちらに置きっぱなしで、読みかけの新聞がそこらじゅうに散らかっていました。買ってきた食事の容器がリビングルームにたまり、食べこぼしで家具は汚れ、コーヒーテーブルの上の古いテレビ雑誌が、充電が切れて使えなくなった電話機を覆っていました。実のところ、電話をかけてくる人は誰もいませんでした。

リビングルームの床は足の踏み場もなく、テーブルの上には、お皿を置く場所もありませんでした。テレビの通販番組のチャンネルを目的もなくリモコンで変えながら、ソファに座って買ってきた食事を食べようにも、それを置く場所がないので、前の日の食べ残しのゴミをさらに床に積み上げていました。

キッチンには当然、汚れたお皿が所狭しと積み重ねられていて、ゴミはゴミ箱からあふれ出ていましたが、それを大きなゴミ袋に移すのすら、大変な作業に思えました。やがてキッチンにハエが飛びかうようになると、いつか外へ出ていくだろうと、窓を開けっぱなしにしました。

寝室には、汚れた服があちらこちらに脱ぎ散らかされ、それがベッドの上にも溜まっていました。毎晩、夜寝るころにはぐったりと疲れていて、ベッドの上に溜まり続ける服を脇に押しのけては、太った体をちぢこまらせて寝ていました。

朝目が覚めてその光景を見ると、ますますその散らかりようと汚れように圧倒されるのですが、洗濯済みの服もないので夜着て寝た服のまま、紙コップに注いだコーヒーを手に（ガラスのコップを洗うより簡単なので）リビングルームに座り込んで、昨日の新聞を読みはじめるのです。

新聞のページをめくっても、面白い記事はもうすでに昨日読んでしまったので、たちまち飽きてしまい、何か新鮮な記事が読みたいと彼女は思います。たぶん今日の新聞はもう家の前の新聞受けに配達されているはずですが、靴を探し、寝巻きの上に羽織るガウンも掘り出して、近所の人の目をさけながら大急ぎで芝生を横切って通りに面した郵便受けまで行くことを思うと、もうそれだけで疲れてしまいました。そこで不満ながらも、古い新聞で何か読み残した記事がないかと探しはじめます。

そんなことを繰り返しながら新聞を取りに行こうか行くまいかと悩んでいると、玄関のベルが鳴りました。棚に置かれた飾り時計は、午前一一時三二分を指しています。こんな時間に予告もせずに誰が来たのだろうと思っていると、ベルがまた鳴りました。

しぶしぶ彼女は寝室へ行って、積み上げられた服の下からバスローブを探し出し、それを羽織って玄関まで行くと、ドアベルが壊れているとでも思ったのでしょうか、今度はその誰かがそっとドアをノックしていました。

「はいはい、今すぐ行きますよ」と少しイライラしながら彼女は、「私がこのドアをあけるために生きているとでも思ってるのかしら?」とつぶやきました。

ドアを開けると、まぶしい朝の光で彼女は一瞬目がくらみました。逆光で、そこに立っている人の顔はよく見えません。すると、そこに立っている見知らぬ男性は穏やかな声で、「あなたのために、これを持って来ました」と言いつつ一輪の白いバラを彼女に手渡しました。疑問を感じながらその花を見つめていると、彼女の中から小さな感謝がわき上がってきました。

その美しさに釘付けになった彼女が、どのくらいの時間その花を見つめていたかは分かりませんが、顔を上げた時には、その親切な見知らぬ男性は、もうそこにはいませんでした。ドアから少し体を乗り出して、外を見回して見ましたが、眠ったように静まりかえった道には、もう誰もいませんでした。彼はまるで魔法のように、消えてしまいました。

日の光のまぶしさと、見知らぬ人の訪問に呆然としながら、彼女は白いバラの花を持ってリビングルームへ戻りました。花瓶に使えそうなものは見当たらないので、キッチンの戸棚の奥深くに追いやられていた一輪ざしの花瓶を取り出しました。そしてそこに水を入れてバラをさそうとした時、その花瓶がひどく汚れているのに気付きました。そこで彼女はその花瓶をきれいに洗って、バラを水切りして花瓶にさしました。

自分では気付きませんでしたが、彼女はいつもより元気な足取りでリビングルームに戻り、積み重なった雑誌を床に下ろして、その美しいプレゼントをテーブルの真ん中に置きました。

彼女は親切な見知らぬ誰かがくれたその花に、しばし見入っていました。まだ固く閉じたつぼみや、花びらに走る細い筋や、青々とした葉の繊細さが目に映りました。その純粋で美しい姿に引き込まれそうな気さえしました。ただの白いバラです。でも、何かとても特別なものに見えました。これは彼女にとって予想外のことでした。

まだ郵便受けまで行っていなかった彼女は、古い新聞を開きましたが、バラに気をとられて、新聞が読めません。そこでまたじっとバラを眺めていると、まわりのゴタゴタが目について「こんな散らかった部屋の中では、バラが汚れてしまう」と思いました。そこでコーヒーテーブルの上をすっかり片付けて、そのゴミを直接、裏庭に置いてある大きなゴミ箱に入れました。

再び古い新聞を読もうとしましたが、たとえようのないバラの美しさが気になって、どうしても気が散ってしまいます。

そこでまたバラの美しさにうっとりしていると、今度はコーヒーテーブルのまわりのゴタゴタに目が行きました。「なんという散らかりようだろう」と自分につぶやいて、「この美しいバラは、こんな汚れた部屋にはもったいない」と思いました。そしてついに彼女はキビキビと、そこらじゅうのゴミを片付けはじめました。新聞をまとめ、雑誌を整理し、電話帳をしまって、本も本棚に戻しました。

それが終わると、彼女はため息をついて「だいぶましになったわ。これでこの美しいバラが咲く場所ができたわ」と言いました。

次の日の朝、いつものように起きた彼女は、リビングルームへ入っていきました。バラのことはすっかり忘れていましたが、その姿を見て、ピタリと足をとめました。花びらが昨日より少し開いて、ますます美しく見えました。なんという美しさでしょう。その思いがけない光景に、彼女は一瞬息をのみました。

すると今度は、カーペットに散らばったゴミや、布張りの家具のシミや、窓の汚れがひどく目に付きました。この純粋なバラの美しさとはまるで対照的だったからです。

彼女は、「このバラには、輝くような清潔さ以外はふさわしくないわね」とつぶやいて、早速洗剤や掃除用具を取り出して、美しいバラがのびのびと咲き誇れるように、午前中かけて部屋じゅうのほこりを払い、掃除機をかけ、拭き掃除もしました。すべてのゴミと古い新聞紙を捨て、家具を動かして模様がえをし、リビングルームをピカピカに磨き上げました。

やっと座ってひと休みしたころには、もう夕方の四時になっていました。そしてここ何カ月かずっと読もうと思っていた本を手に取りましたが、ちらりとバラの花を見ると心が静まり、その美しさに感動がわき起こって、なんだか体の力が抜けてしまいました。バラの美しい輝きに見とれながら、こんなすばらしい贈りものを受けとったことを感謝しました。

彼女が感動しながら座っていると、キッチンから何やらひどい臭いが流れてくるのに気付きました。そのとたん、彼女は落ち着かない気持ちになりました。その臭いは、バラの美しさを味わう邪魔になるからです。そこで彼女はすぐにキッチンへ行き、何時間もかけてすべての汚れをこすり落とし、洗ったり拭いたり磨いたり、完璧に清潔になるまで大掃除をしました。ゴミを出して食器洗浄器を回し、鍋からフライパンまでピカピカに磨き上げました。そのころにはもう真夜中になっていたので、彼女は感謝の気持ちでもう一度バラの花を眺めてから、リビングルームの明かりを消し、自分のベッドへ行って眠りました。

翌朝、コーヒーを入れにキッチンへ入ろうとすると、その明るさで目がくらみそうでした。これほど日当たりの良いキッチンだったのを、忘れていたのです。そして、ゆうべきれいに磨いた床に足を踏み出そうとすると、自分の足の裏がべたべたしているのに気付きました。せっかくのピカピカの床を汚したくなかったので、彼女はシャワーを浴びにバスルームへ行きました。

「なんというあきれた汚れようなの？」、こんなにバスルームが汚れているのになぜ今まで気が付かなかったんだろうと思いながら、まるで旋風のようにバスルームじゅうをピカピカになるまで掃除して、最後に自分もシャワーを浴びました。まるで生まれてはじめてシャワーを浴びるように、肌がピンク色になるまでこすり、髪はシャンプーで二度洗い、一番いい匂いのするコンディショナーを付けました。その後で、新鮮な香りのコロンを付けて、バスローブをまといました。

ピカピカのキッチンでお気に入りのカップにコーヒーを注いで、最愛のバラのかたわらに座ります。すでにお昼近くになっていましたが、そんなことは気になりませんでした。すっかりきれいになった彼女は、新鮮な気持ちで、心おきなくバラを眺めることができたのです。

そこに座っていると、自然と涙が流れてきました。こんな美しいものを贈られるなんて、なんという幸運でしょう。彼女はただ純粋にバラの美しさに感謝すると、いつのまにかその場にひざまずいていました。人生そのものに対する感謝の気持ちでした。

今までこんな美しいものは見たことがないと、彼女はいつまでも感慨にふけっていました。このバラは、何か神聖な力を秘めているのに違いない。

いつのまにか、長い時間が過ぎていました。どのくらい時間が経ったか分かりませんが、気がつくと夕日が部屋の中へ長い影を落としていました。

急に彼女は、着ている古いバスローブがなんともそぐわない気がしてきました。すべてが美しく清潔になっているのに、そのバスローブは汚れたままだったのです。美しいバラにはこんな汚れたものはふさわしくないと思い、着ていたバスローブを洗濯機に入れました。そしてついでに他の白い洗濯物も一緒に洗うことにしました。

寝室に行くと、そこには恐ろしい光景がありました。汚れた服がそこらじゅうに散らばって、まるで台風の後のようでした。「なぜ、今まで気がつかなかったのだろう！」

ショックと嫌悪を感じながら、大急ぎですべてを拾いあげました。何回も洗濯機をかけて、そのあいだにクローゼットの中の物をすべて取り出しました。そして着飽きた服や何年も着ていない服は、生活を混沌とさせる無用の物だと気づき、きちんと整理をして、チャリティに寄付することにしました。するとクローゼットの中は、ほぼ空っぽになっていました。

すべてを整理整頓してシーツ類をベッドからはぎ取って洗濯をしてアイロンをかけ、部屋じゅうに掃除機をかけて、家具の表面も磨き上げました。

寝室の掃除が終わってすっかりきれいになったころには、真夜中になっていました。彼女はリビングルームへ行き、バラをしばし眺めてから、真っ白なシーツのかかった清潔で良い香りのするベッドで、夢も見ずにぐっすりと眠りました。

次の朝、目をさますと、寝室は暖かくやわらかい色の光で満たされていました。ちょうど朝日が昇るところで、子どもの時以来、日の出なんか見たこともなかった彼女は、軽やかにベッドから飛び起きて、そのすばらしい光景に見入りました。そして、足どりも軽やかにキッチンへ行くと、朝のコーヒーを入れ、掃除をしているときに見つけたシナモンを少し加えて、そのカップを持ってリビングルームへ行き、美しいバラの前に座りました。

バラの花は満開でした。なんと輝かしく豊かですばらしい姿でしょう。彼女は再びバラの前にひざまずいていました。バラに感謝を捧げながら、その美しさに敬意を表すためにできることは他にないかと、花にたずねました。彼女のところを訪れてくれたこの美しい花に、どうやって感謝を示せばよいか分からなかったのです。

すがすがしい新鮮な朝の空気をバラにあげようと窓を開けて、輝くような美しさの邪魔にならないようにと、抜き足でソファに戻ってまた腰をおろしました。

彼女はすっかり落ち着いて、今度こそこの美しさにひたることができると思いました。何かに気を散らすこともなく、バラに見入っていると、そこには彼女とバラしか存在しませんでした。なんという純粋で完全な美しさでしょう。

輝くように美しいバラは、その香りで彼女をやさしく包みこんで、いつのまにかまた時間が経っていきました。

突然ドアベルが鳴りました。彼女は幻想の世界から瞬間的に呼び戻され、玄関へ行きました。

足取りも軽く、まるで空中に浮いているような気がしました。

ドアを開けると、隣の家のカレンが心配顔で立っていました。

カレンは、「マーガレット、こんにちは。お邪魔してごめんなさい。郵便受けに三日分の新聞がたまっているのに、車はここにあるので、どうかしたのではないかと心配になって来てみたの」と言いました。

彼女は、「まあ、心配をかけてごめんなさい。ちょっと忙しかったものですから。私は大丈夫よ。それより、お茶でもご一緒にいかが？」と誘いました。

カレンはうなずいて、「どうもありがとう」と言って家の中に入りながら、不思議そうな顔をしています。そして、「マーガレット、あなた、なんだか輝いているわね。本当にピカピカだわ。あなたの光で目がくらみそう。何かあったの？　とってもきれいよ」と言いました。

マーガレットはカレンのほめ言葉にちょっとびっくりしましたが、彼女が本気で言ってくれていることはよく分かりました。一瞬ためらってから、「カレン、違うのよ、それはあなたの勘違いだわ。あなたは、私が最近ある人からもらったバラを感じているのよ。その輝くような美しさは、ここからでも感じとれるんだわ。リビングルームへ入ってごらんなさい。信じられないほど美しいから」と、小さな声で言いました。

そこで、バラを眺めようと二人で居間に入りましたが、カレンの目線はマーガレットにばかり向いています。そして、「あなたこそ勘違いしているわ。バラじゃなくてあなたよ。あなたの輝きがバラをますます美しく見せているのよ。あなたに比べると、花はやはり見劣りするわ。あなたはまるで太陽のように輝いているわよ。このバラはあなたの輝きを受けて美しくなっただけだわ」と言いました。

驚いてなんと返事をしてよいか分からず、マーガレットは玄関の鏡の所へ行きました。そこに映っている顔は、彼女が今まで見たことのない顔でした。その輝くような美しさは、たしかに太陽のようでした。

その瞬間、彼女は畏敬の力を知ったのです。彼女がバラの美しさに感動と感嘆を受けて、心から大切に世話をしたので、その花が命を咲かせたのです。それをすることで、彼女自身も神聖な存在に変わったのです。彼女も祝福を受けて、輝きはじめたのです。

あなたが感動と感嘆をおぼえると、グレースはそれを大切にするようにと、誘いかけてくれます。そして謙虚に畏敬を表することで、あなたも大切にされるのです。祝福をすると、あなたも祝福を受けるのです。愛することで、あなたも愛を受けるのです。

畏敬と感動は、一羽の鳥の両翼です。その両方が揃うと、グレースはあなたを空高く自由に羽ばたかせてくれるのです。

プロセス④　誘い：畏敬と感嘆

あなたの暮らしの中で、おろそかにしたり、使わなくなったり、古くなってしまった物がありますか？　あるいは、世話を怠ったために退化してしまったり、荒廃してしまった何かがあるかもしれません。これは、目を閉じて行う瞑想ではなく、行動を通して畏敬と感嘆を経験していただくことへの誘いです。

まず、あなたの暮らしの中の物に関して考えてみましょう。すべての戸棚や引き出しや収納スペースを開いて、冷静な目で、今使っていないものや使う予定のないものを見つけましょう。その中でまだ使えるものや、誰かの役に立つものは、友だちや家族にあげるか、チャリティに寄付しましょう。そして本当に大好きで大切に使っているものだけを残しましょう。思いきって正直に判断してください。どちらとも言えない物は、このさい手放しましょう。

次は洋服ダンスの中を調べてみましょう。体に合わなくなったり、似合わなくなったり、めったに着ないものは手放しましょう。クリスマスや誕生日にプレゼントされたもので、気に入らず一度も身に着けていないものなども手放しましょう。お店で見たときにはとても気に入ったのに家に持って帰ってきたら気が変わってしまったというものも、きっぱりと手放しましょう。

次はバスルームの薬棚や引き出しを開けて、中途半端に残ったまま捨てていない歯磨きのチューブや、期限の切れた薬、古くなって香りが落ちてしまった香水や、二年以上前に買った化粧品などをすべて処分しましょう。

キッチンもチェックして、もし余っていて使っていないお皿のセットや、二つある同じ大きさのお鍋で新しい方しか使っていないものは古い方を取り出し、古くなったり欠けたりひびの入っているる瀬戸物やコップ類も分類して、大好きなものだけを残してあとは容赦なく捨てるか、誰かにあげられるものは、もらってもらいましょう。

そして手放すものを選んで整理をしたら、あなたが大好きで残しておくと決めたものを、もう一度見直してみましょう。洗ったり、修理をしたり、クリーニングに出したり、アイロンをかけたり、寸法を直したりするべきものはありますか？　時間をかけて、これら愛用の品を最高のコンディションにしましょう。すべてが新品のようにきれいになるまで、大切にケアしましょう。

そして同じように、カーペットや家具や窓やテーブルや、引き出しや戸棚などの収納スペースや、車や車庫も、ピカピカになるまで掃除をしましょう。あなたの家の内側も外側も磨き上げて、敬意を持って大切にしましょう。それらのものを与えられている幸せを感じましょう。

敬意と感謝の気持ちを持つことは、美しさや雄大さに触れる機会を増やして、多くの祝福と感動や感嘆に出会わせてくれるでしょう。

次に、自分のことを考えてみましょう。健康を軽視したり、食事を抜いたり、運動をしなかったり、自分を大事にしていないところがありませんか？　身だしなみや服装を無視していませんか？

まず、シャワーを浴びるかお風呂に入って、自分の体をすみずみまできれいに洗い、すばらしい人生を経験させてくれるこの体に感謝をしましょう。そして髪を洗うのに、良質のシャンプーやコンディショナーが使えることがどれほど幸運かを、感じてみましょう。あなたは最高のものを使うに値《あたい》する存在なのだということを、覚えておきましょう。

食事をする時は、あなたを大切にするためにどんな食品を選びますか？　大事な体に必要な運動をしているでしょうか？　そして瞑想をしたり、静かに過ごしたりする、自分のための時間をきちんと取っているでしょうか？　もしその時間があなたの聖なる本質を感じるための時間なら、それにふさわしい服装をしているでしょうか？

自分を大切にするという意味を込めて、何か心から楽しいことをするのもいいでしょう。例えば、自然に接したり、感動を受けるような催しに参加したりするのもいいアイディアです。

自分自身を大切にすることの力を知りましょう。そして、それはあなた自身の選択だということを、覚えておきましょう。

あなたのまわりの人たちに、敬意を表する機会を持つのもよいでしょう。それらの人たちとの関係で、あなたの人生はどれだけ豊かで祝福に満ちたものとなっているかを、感じてみましょう。それぞれの人に敬意を表する具体的な行動をとってみましょう。言葉と心の両方でその人たちをたたえましょう。尊敬する部分や、感謝していることを書き出してみましょう。あなたのことを思ってくれる人たちに囲まれているということは、とても幸運なことです。パートナーや家族や友人に、惜しみない感謝を示しましょう。敬意を示して大切にすると、たちまちあなたの中には、感謝の気持ちがわいてくるでしょう。

あなたの暮らしを畏敬と感嘆で埋めましょう。ただ静かに、動かず、その場にとどまって、今この瞬間だけに意識を向けてみましょう。そして、今をしっかりと味わって、その微妙なニュアンスの中の美を満喫しましょう。

何かを大切にすることは、選択です。あなたがそれを選ぶと、そこには敬意が姿を現します。そして、神聖さを感じると、感嘆を覚えずにはいられないでしょう。今この瞬間に存在するものを大切にすることには、巨大なパワーがあります。畏敬と感動と感嘆に出会うと、あなたは感謝で満たされるでしょう。グレースに愛されて大切にされている幸せを感じるでしょう。

これは決して終わることのないサイクルです。あなたが人生をもっと大切にすることで、ますますグレースを感じることができ、その恵みを受けると、畏敬と感嘆が深まるのです。すると、あなたの心はますます解放され、人生のすべてを大切にする生き方へと変わっていくでしょう。すばらしいことに、それはいつでもあなたの手の届くところにあるのです。もしあなたが、ほんの数分間でも、ありのままのこの瞬間を愛したら、あなたの中から感動と感嘆がわきあがってくるのです。

それはあなたの選択です。そしてグレースの深い愛は、いつもあなたに選択する機会を与えてくれているのです。

畏敬と感動はグレースの両翼。

この翼で自由の空へ舞いあがりましょう。

第五章

〈感情〉を一番の親友に

感情の真ん中に身をゆだねると、
そこにあなたが探し求めている
平和が見つかるでしょう。
感情はあなたの最愛の友、
あなたの魂への入り口です。

けさ目が覚めると、感情に関して〈自由〉の観点から書いてみたいという思いに駆り立てられました。限りない永遠の存在を経験するには、感情について知っておくべきだからでしょう。世間では、感情は究極の平和の邪魔になる、という勘違いがあるようです。まるで広々とした平穏を乱す嵐のようなものだと考えて、敵視する人たちもいます。感情が自由の経験を限られたものにしたり、広々としたグレースをゆがめていると思っている人たちもいるようです。

実際、感情について多くの思い違いがあるようです。ある宗教では、感情は神を経験する邪魔になる「悪者」だと考えられていて、それを超越するための教えが説かれています。感情から自由になれば悟りを開くことができると考えて、感情を、人生の悪夢の中に私たちを閉じ込める敵のように扱っています。

そのような宗教の教えを受けていなくても、私たちは子どものころから「良い感情」と「悪い感情」があると教え込まれてきました。子どもが泣くと、親たちはたちまち「悪い感情」を静めようと「泣かないで涙をふきなさい。もう学校に行く時間よ。しっかりしてちょうだい」などと言います。

そして「良い感情」のみが受け入れられ、「悪い感情」は許されないと学ぶのです。恐れや恥や怒りや悲しみを感じても、それを隠したり退けたりして、強くあるようにと言われます。もし「悪い感情」を表すと、人から弱虫だとか泣き虫だと思われてしまいます。

そのうちに、強い感情が起こるとすぐに押し込めたり隠したりごまかしたりするようになり、社会に受け入れられやすい「良い感情」にすりかえるようになります。本当の自分を他人に見られないように引っ込めたり、強い感情は自分の部屋で一人で隠れて感じるようになったりします。涙をこらえたり、そんな気持ちを感じることは無意味だと自分に言い聞かせたり、感情を感じることは弱いことだと恥じたりもします。

感情はまた、私たちの中の戦いや葛藤の原因となります。それを見せたら「感情的」だと言われるような感情が込み上げてくると、私たちはそれを殺してしまったり、否定したり、戦ったり、拒んだり、説明をつけようとしたり、言い訳をしたりします。そして口論をしたり、投影（自分の感情を人になすりつけること）をしたり、自分自身を責めたり、誰かに責任を負わせようとしたりします。そして最終的には、感情を抑える長期的な作戦を持つようになります。喫煙や飲酒や食べものへの依存をしたり、意味も目的もなく、ひっきりなしにテレビを見たりして、居心地の悪い感情を眠らせて社会から受け入れられようとしたり、心の平安を得たりしようとします。感情を罪人と考えて、こちらが滅ぼされる前に相手を滅ぼそうとするのです。

まるで、感情という悪魔が私たちの中に潜んでいて、それを押しつぶしたり、追い出したり、どこか奥に押し込んで隠したり、できるものなら抹殺したりしようとするのが私たちの任務となります。

ネガティブで居心地の悪い感情がこみ上げてきたら、マントラや呪文を唱えてその感情に影響を受けないようにして、神や神聖なものに意識を集中するようにと教える宗教もあります。また他の宗教では、醜い感情を生み出す肉体は不浄なものだという考えから、わざと体を痛めつけるような荒行や絶食などの過酷な試練を信徒に求めます。

例えばヨガの行者は、何年間も洞窟にこもって瞑想を続け、感情を感じるような行動をいっさい避けて、この世の悪である感情からおのれを守ります。西洋の宗教でも、感情は悪魔のように扱われ、教会では醜い感情や不浄な欲望に関する説教がなされ、懺悔《ざんげ》が行われます。そして罪をつぐなうための課業が課されて、その難易度は感情や欲望の醜さや強さによって決まります。

ほとんどの宗教において、人間の自然な感情表現を取り除いて克服することが大切とされており、それに成功した人間が聖人として崇《あが》められます。

自然な感情を押し殺したり押さえ込むことを、社会は私たちに強《し》いているようです。ほとんどの感情は「悪い感情」と考えられているので、私たちはどんな代償を払っても、これを静めようとします。

これでは、長続きする平和を感じられないのも無理はありません。私たちはいつも、内なる敵と戦うために戦場に暮らしているようなものだからです。その敵は、一瞬たりとも私たちを休ませてはくれません。一つの感情を抑えても、たちまち次の感情が、絶えることのない波のように打ち寄せてくるのです。決して勝つことはできないと分かっていても、誰もがこの戦いの真っただ中で暮らしています。

人間の自然な一部である感情は、生きている限り、なくなることはありません。

感情と戦うことは、自分の本質と戦うことなのです。それは終わりなき無益な戦いです。あなたが疲れきってしまうのも無理はありません。巨大な津波を、小さな板きれで押し返そうとしているようなものです。どんなことをしても、その流れを止めるのは不可能で、拒めば拒むほどエネルギーを消耗して疲れてしまうのです。

こうして感情との激しい戦いを繰り広げること自体が、実は私たちから平和と安らぎを奪っているのです。自然な流れを止めようと膨大なエネルギーを無駄にしていれば、生きていることの喜びを体験する生命力がすっかり減ってしまうのも当然です。

そしてこの戦いに疲れ果てると、それを感じないですむように、鬱状態や無感覚や無感情に陥ってしまいます。手近なカウンセラーにこの戦場から抜け出す方法を説明してもらおうとしたり、医師や精神科医に強い薬を処方してもらったりします。あるいは、感情を麻痺させるために、脳を忙しく働かせるための無意味な行動に走ったりします。長時間だらだらテレビを見続けたり、すでにきれいな車を何度も洗ったり、掃除をしたばかりのカーペットにまた掃除機をかけたり、賭け事をしたり、麻薬に走ったり、他人の悪口を言ったり、ひっきりなしにおしゃべりをしたり、こういった感情を避けるための数々のゲームをします。ある人たちは、一時的に白旗を掲げて降参を表明し、神に頼ったり、悟りを開いたマスターのもとで瞑想を行ったり、マントラを繰り返したりします。運が良ければ、次の感情の波が押し寄せてくるまでの一時的な平和を得られるかもしれません。しかしそれでも、私たちは戦いをやめません。

おそらく私たちは職業を替える必要があるのでしょう。人生と戦う戦士の役は、不向きなのかもしれません。ただ、誰も他の職業を選ぶチャンスを与えてもらったことがないのです。戦うことの他に、選択肢を与えられたことがないのです。私たちが生まれるとすぐに、優れた小さな戦士になれと、社会から盾と鎧を手渡されるのです。そして人生は戦場と化し、決して勝てない感情の波と永遠に戦わなければならないのです。少しでも食い止めることができたならメダルをあげると言われ、屈服したら村八分にされるのです。これは到底、無理な任務です。それでも弱みを見せずに勇敢に戦うようにと言い渡されるのです。

では、この戦闘ゲームをやめることを、あなたが選んだとしたらどうでしょう?「私は海兵隊員にはなりません。軍隊に入りたいと言った憶えはありません」と言って、感情に抵抗するのをやめて、戦うことを拒否したらどうなるでしょう?

戦いをやめて、この愛の海にすべての感情を迎え入れたら? 人生は戦場ではなく、信頼と愛と思いやりに満ちた広い無限の空間だと知ったら、どうなるでしょう?

この無限の空間では、すべての感情が自然に訪れたり去ったりするものだと知ったら？　自然な人生の流れに抵抗するのをやめたら、どうなるでしょう？

真実はこうです。抵抗すればするほど、反撃されるでしょう。逃げれば逃げるほど、追いかけてくるでしょう。

つまり、抵抗することが、その感情を永続させているのです。完全に抵抗をやめて降参したら、広い受容の中に歓迎された感情は、自由に現れては去っていくようになるのです。抵抗が感情を釘付けにして、力を与えているのです。抵抗が抵抗を呼んでいるのです。

もうそろそろ戦いを終わらせて、敵だと思っていた感情を、大きく広げた腕の中に迎え入れてあげましょう。武器を捨て、相手の顔をよく見てみましょう。そこには、あなた自身が輝いているはずです。目の前にいるその存在は、最も人間らしいあなたの姿なのです。あなたは敵ではなく、親友の目を見つめているのです。そしてその親友が、あなたの本質なのです。

すべての武器を手放して、心から人生を歓迎しましょう。あの古くからの敵は、一番の親友となるでしょう。

あなたの感情を、味方にする時がきたのです。感情こそが魂への入り口です。

ではここで、感情を検証してみましょう。感情とは、そもそも何でしょう？　何の感情でもよいのですが、ここでちょっと何らかの感情を感じてみましょう。もしあなたが心から歓迎していれば、簡単に感情を感じられるのに気付くでしょう。

では、感情とは、いったい何でしょう？　感情とは体が感じる感覚であり、生体反応です。心地よく感じるものもあれば、不快に感じるものもありますが、本質的には体内の科学分泌物への生体反応であって、その化学物質を流出させるかさせないかは、私たちの選択なのです。

もし感情を拒んで抵抗したとしたら、潜在意識の中に深く埋め込まれてしまい、後でより強く現れることになります。感情に抵抗してそれを押さえ込んでも、それは舞台の袖で出番を待っていて、次はもっと激しい演技を見せようとするでしょう。

逆に、感情を自由にわきあがらせて、どんな感情でも歓迎してしっかりと感じたら、それは自然に去っていくでしょう。悲劇の物語にしてそれに巻き込まれたり、ドラマ化したり、分析や検証をしたりしないで、その感情をただ単純に感じたら、それは自然に意識の中に溶け込んでしまうのです。そうすれば、どこかに無理やり追いやったり、仕舞い込む必要もありません。本当に受け入れられた感情は愛に満たされて溶けてしまい、四六時中あなたを悩ませるようなことは、もうなくなるでしょう。自由な愛の抱擁の中では、いっさい抵抗を受けないので、感情は自然な潮の満ち干のように、打ち寄せては引いていきます。

赤ちゃんが遊んでいるのを、じっくりと観察したことがありますか？　赤ちゃんは、完全に満足して甘くやさしい純粋さの中に落ち着いているかと思うと、突然こみ上げてきた強い感情を何の抵抗もなく受け入れて爆発させ、次にはまた何の理由もない喜びがわきあがってきて、笑ったり可愛い声を立てたり言葉にならないおしゃべりをしたりします。

そのすぐ次の瞬間には、どこかで不快感が起こって顔をしかめたり、唇を曲げたり、拳を握って何かを叩いたりするかもしれません。しかしそれも過ぎ去ると、またゆったりと静かに瞳をめぐらせます。頭上にぶら下がっているおもちゃが目に入って、それを不思議そうに見入るかもしれません。次にはそのおもちゃに手を伸ばして取ろうとしますが、届かないイライラから大泣きに泣くかもしれません。そして、またいつのまにかその激しい感情も通り過ぎて、広い意識の中にゆったりと戻っていきます。

人間が持つありとあらゆる感情が、この赤ちゃんの意識の中を通り過ぎますが、まだ感情を抑えるということを教わっていないので、自然に純粋な感情が、ただ訪れては去っていきます。いくら感情が通り抜けても、赤ちゃん自身は何の影響も受けません。何の抵抗もしないので、感情が居座るということもありません。春の潮の満ち干のように、大きな満ち潮の後はどこまでも遠く潮が引いていくかのように、赤ちゃんの本質には何の変化もなく、広々した自由な存在そのままなのです。

もちろん、赤ちゃんには親がいます。そして言葉が理解できるようになる前から、親は社会に順応させるための、一大プロジェクトに取りかかります。つまり、感情と戦う優秀な戦士にしようと、自然に現れる感情の流れに逆らって、どのように抑えたり、やわらげたり、麻痺させたり、否定するかを教え込むのです。

もし感情にいっさい抵抗しないとしたら、何が起こるのでしょう？　私たちの本質は、この通り抜けていく感情によってどんな影響を受けるのでしょうか？

私はよく大人が「自分から切り離されているような気がする。本当の自分が分からない。私たちの中には大きな可能性が秘められていると本で読んでも、ピンとこない。可能性があるという気はするけれど、どうやったらそれを見つけられるのか、見当もつかない」と言っているのを耳にします。

それは当然でしょう。永遠の存在としての自分の本質を、見失ってしまっているからです。長年自分の本質の自然な表現である感情に抵抗して戦いを繰り広げてきたのなら、偉大な可能性との接点を失っても不思議はありません。自分自身を見失えば、孤独を感じて無性に悲しくなったり、無感覚になってしまうのは当たり前です。

こみ上げてくる感情は、あなたが自分の本質を知るための誘いなのです。あなたの魂へと誘ってくれているのです。真実や神の探求をしていると称する人たちが世の中には大勢いますが、それらのうちの多くの人々は、感情が込み上げてくるとそれを押しやってしまいます。無限を知るチャンスを拒否しているのです。彼らの祈りは聞き届けられているのですが、それが予想外の形で現れているので、目に入らないのでしょう。

もう一度言いましょう。恐れて押さえ込んできた感情こそが、あなたの魂への入り口です。

何年も前になりますが、私は人生をすっかり変える強烈な経験をしました。その経験は私と感情との関係をすっかり変えて、永遠の存在の実体験をするきっかけとなり、「ジャーニー」の基本となっている癒しのワークを生むきっかけにもなりました。

その経験をするまでは、すべての感情が魂への入り口だとは、もちろん知りませんでした。感情はわずらわしいもので、場合によっては人生の大きな障害となり、なんとかして切り捨てるべき面倒な代物だと考えていました。もちろん、自分自身の本質や悟りへの入り口だなどとは想像したこともありませんでした。

そのころの私はまだ、感情と悟りが一対になっているなどとは、まったく知らなかったのです。逆に、相反するものだと、信じていたのです。でも今は、すべての感情が「贈りもの」だと思っています。魂が両手を広げて、家に戻ってくるようにと誘ってくれているのです。今では私の親友となり、愛と叡智があふれる最高の場所へと、私を連れて行ってくれます。

感情は、決して無視してはならない、貴い贈りものなのです。あなたを家路へと誘ってくれているのです。

この事実を私がはじめて聞いたのは、九〇年代のはじめに、ある悟りを開いた先生のサットサン（真実に向けての対話）に約一五〇人の生徒の一員として参加していた時のことでした。

瞑想で始まった午前中のセッションが質疑応答の時間に入った時のことでした。その部屋の中には、肌で感じられるほど深い静けさが充満していて、まるで静けさの海の中につかっているかのようでした。するとそこで、中年のある女性が手をあげて、感情に関してどうしても今、質問させてほしいと言いました。

彼女は明らかに動揺した興奮ぎみの声で「強い感情が込み上げてきているときに、どうして平和なんて感じられるのか、私には理解できません。みんなが感じているらしい平和なんて、私はまったく感じられないんです。みんなとても平和で幸せそう。でも私にはまったく感じられません。今、ひどい苦しみを感じているんです。こんな苦しみの中で、平和なんか感じられるはずがありません」と言いました。

話し終わるころの彼女の声は怒りと皮肉たっぷりで、まるで彼女が現在置かれている状況を、その先生のせいにでもしている様子でした。

すると先生は彼女の目を見つめて、「そのままで動いてはいけません。じっと静かに止まって、今あなたが感じている感情の真ん中へ、身をゆだねてごらんなさい。その真ん中に、あなたが探し求めている平和が見つかるでしょう。ただ静かにじっとして……。その苦しみの真ん中で、平和があなたを待っていますよ」と言いました。

そう言われた彼女は、驚きと疑いの込められた声で、そのアドバイスに皮肉っぽく抗議をはじめました。でも先生は少しも動じず、彼女が皮肉を言い終わるのを無言で待って、再度同じアドバイスを繰り返しました。そして最後に「私を信じなくても結構です。自分で試してみれば、すべての苦しみを受け入れて、それを感じきった後に何が残るかを発見できるでしょう。逃げないで、その感情の真ん中に心を開いて、身をゆだねてリラックスするのです。そうしたら、そこに何があるかが分かるでしょう。自分の真ん中に何があるか、見つけてごらんなさい。実験してみるのです。そのまま動かずに……」と言いました。

やがて落ち着いた彼女は、先生のアドバイスに従って意識を内側に向けました。私たちは、そんな彼女を無言で見守っていました。苦しみと嫌悪の中で、それを先生に投影して歪んでいた彼女の顔は、心持ちやわらいだ様子でした。すると突然、彼女の顔を一瞬の苦しみが横切りました。その瞬間、彼女の顔は生まれたばかりの無力な赤ちゃんのように見えました。完全に心を開いているという感じでした。

次には彼女の目を恐れが横切り、彼女の中で混乱が起こっているのが分かりました。すると先生はやさしい声で「とてもすばらしいわよ、そのまま心を開いて、その感情の真ん中に行ってごらんなさい」と言いました。

先生の顔を一瞬見上げた彼女は、まるで溺れかけて何かに必死でしがみつこうとしているかのような表情をしていました。それは恐怖でコントロールを失ったような顔で、つかみようのない何かを、必死でつかもうとしているかのようでした。すると突然、彼女の体全体がリラックスして、安心したように表情がやわらぎはじめました。息づかいも自然な状態に戻り、硬くて険しい表情だった顔に光が広がってくるように彼女の顔は美しく輝きはじめ、表情もすっかりやわらいでいました。

私はこの出来事を、感嘆して眺めていました。にわかには理解しがたいことですが、彼女は正に最悪の感情の真ん中に、平和を見出していました。彼女の体は柔らかくしなやかになり、魂が大きく開いて、まるで彼女自身が平和そのものになったように見えました。

それは、たった何分かのあいだに起こった出来事でした。

ほんの二～三分のその出来事の後で、彼女は信じられないような穏やかな声で「分かりました。よく分かりました」と繰り返して言いました。そして笑顔の彼女の目からは、涙があふれていました。「こんなにたくさんの平和がいつもここにあったのに、なんという自分勝手なドラマを今まで演じてきたのでしょう。こんなに簡単なことだったなんて」

彼女は笑いながらこう続けました。「なぜ私は今までこんなに抵抗してきたんだろう。これで私も、みんなのような『いつも笑顔の幸福バカ』に見えるでしょうね。何と皮肉なことだったたんでしょう」と心から笑いました。すると先生は、彼女の言ったことが今の彼女の真実だと笑って、次の話題に移りました。

その後のセッションのあいだも、まるでおいしいミルクを自分だけ秘密にもらった子猫のように、彼女は喜びで光り輝いていました。

でも私は実のところ、その朝のセッションのあいだじゅう、混乱と困惑を感じていました。先生のアドバイスは、他の誰もが勧めている感情の扱い方とは、正反対だったからです。「現実の世界」では、もし誰かが苦しみや心の痛みを感じていたら、それを感じないですむ方向に医者は処方箋を書くでしょうし、セラピストはそれを細かく分析してその意味や意義を探し出し、それをいかに処理するかを考えるでしょう。ＮＬＰ（神経言語プログラミング）の専門家に相談したとしたら、リフレームをして意味を変えることで、今までほどその感情を嫌いにならないですむようにするでしょう。ヒーラーに相談したら、どの「過去生」の影響かを探し出して、痛みをやわらげようとするでしょう。ボディワーカーの所へ行ったとしたら、その感情を体から解放しようとするでしょうし、ワークショップに参加したら、その感情を切り捨てる手伝いをしてくれるでしょう。精神科医へ行ったら、細かく感情を分類してレッテルを貼り、おそらく子ども時代の出来事が原因だと言うでしょうし、催眠セラピーを受けたなら、時間をさかのぼって深い意味を見出そうとするでしょう。栄養学の専門家なら、化学物質の不均衡だと言って、食事療法を勧めるでしょう。これらすべてに共通した認識は、「悪い感情」はなんとかするべきだ、ということです。それぞれの専門家のアプローチは違いますが、彼らはみな、悪い感情を処理することが平和を得るための唯一の道だと考えているのです。

でも、この先生の教えは、斬新で他とはまったく違っていました。彼女はどんな感情も「拒まないで、歓迎して、抱きしめて、愛して、身をゆだねてしまいなさい」と言ったのです。その苦しみの真ん中へ行って、リラックスすれば、その最悪の感情の中に平和を見つけることができると言ったのです。そして私はそれが本当であることを目撃したのです。あのかたくなになっていた女性が、苦しみの中に平和とゆとりを発見したのを、実際にこの目で見たのです。

私の中では混乱が起こっていました。今まで学んできたことは間違いだったのでしょうか？それとも世界じゅうのみんなが、悪い感情は何としてでも追い払わなければならないという暗示にかかっているのでしょうか？　もし感情と正面から向き合って、それをしっかりと感じて、その真ん中に身をゆだねて、恐怖を乗り越えて、虎の目を見据えて自らを捧げたとしたら、そこに平和を見つけることができるということを、明らかに見落としているのでしょうか？　強い感情は、本当はすばらしいものなんでしょうか？

私はショックでめまいがしました。これでは筋が通りません。先生がおかしいのか、世界じゅうがおかしいのか、どっちなのでしょう？

実は私は、心の中ではうすうす先生の言うことが正しいと分かっていました。しかし、私のマインドは「平和が最悪の感情の中に見つかるはずはない」と頑固に言い張っていました。

結局これは自分で試してみるしかないと思い、そのセッションの数日後、一人で実験してみることに決めました。世界じゅうが間違っているのか、それとも本当に、感情が悟りを得るための鍵なのか、どうしても知りたいと思いました。他の人の経験ではなく、私自身の経験で決めたいと思いました。

私自身にとってそれが本当でなければ、それは真実ではないと思っていたからです。そして私は、このことに関してどうしても真実が知りたかったのです。

主人が仕事で何日か留守にするあいだに自宅で沈黙のリトリートをして、最悪の感情の中に本当に平和があるか試してみるという私のプランを、事前に彼に話しました。私自身が一番恐れている感情で試さなければ、本当にこのテクニックが有効なのか分からないと思ったからです。

彼が出かけた後で、私は家の掃除をして、留守番電話のメッセージを変えました。そして電話の呼び出し音を消して、リビングルームの椅子に座りました。何が起こるのか見当もつかないので、椅子の腕を両手で硬く握っていました。その日は朝から、何だか悪いことが起こるような、いやな気持ちがしていましたが、椅子に座るとたちまち恐怖が押し寄せてきました。最悪の感情と直面する勇気があるかどうかなんて、もう分かりませんでした。本当に恐ろしかったのです。

すると涙が出てきました。こんなに激しく感情を感じるとは、思ってもいませんでした。

そこで自分を落ち着かせようと、瞑想をすることにしたのですが、それは逆に恐れをもっと激しくしただけでした。どうやらこの感情を避けることはできないようです。部屋じゅうどこを見ても、そこには恐怖がありました。

ついに観念して勇気を振り絞り、静かに恐れを迎え入れて身をゆだねました。

激しい恐怖で気が狂ってしまうのではと思いましたが、その恐怖の中にもっと深く入って行きました。あの女性にできたのなら、私にもできるはずだと信じて。

ますます強く両手で椅子の腕を握りしめていました。体は恐れで震えていました。そして、なんとかしてその巨大な恐れを歓迎して、完全に身をゆだねました。これ以上耐えられるのかしらと思ったその瞬間、私の中で何かが緩むのを感じました。そこで自分をリラックスさせてみました。抵抗するのをやめました。瞬間的な安堵を感じると、今度は耐えられない孤独感が襲ってきました。その巨大な寂しさに、私はすっぽりと包み込まれてしまいました。それでも、「動かずに感情を歓迎して、その真ん中へ入ってみる」という自分との約束を守ってじっとしていました。

孤独感で震える声で「ようこそ!」と言ってみました。するとその寂しさはますます強くなって、まるで部屋じゅうが寂しさであふれかえっているようでした。壁も椅子も私も、何もかもが孤独で、逃げ道はありませんでした。

私のどこかにまだ、ここから抜け出そうと抵抗をしているところがありました。けれど「その寂しさの中でリラックスして、ただ受け入れて、じっとしていてごらんなさい」という声も聞こえていました。その声を聞いて私はリラックスしていきました。そしてまた瞬間的に安堵が訪れたかと思うと、たちまち絶望の淵に投げ込まれました。

今度は、まわりがすべて絶望感だらけでした。失望感と無力感と無価値感のまざった、ひどくむなしい思いに襲われて、どうすることもできない絶望感を感じていました。これまで一度も感じたことのないような、深い絶望感の炎に燃やし尽くされるような感覚でした。

私はどこかでまだ逃げようと助けを求めていましたが、ここから抜け出す道は先へ進むしかないのだということは明らかでした。絶望感の真っただ中で、心から「ようこそ」と言うしかないことは分かっていました。リラックスして身をゆだねるしかないのです。どこかにまだ抵抗する気持ちが潜んでいましたが、私は絶望感を深く吸い込んで、リラックスしてみました。

すると瞬間的にまるで自分が溶けてしまうような感じがして、そこにはブラックホールのような空っぽの暗闇が広がっていました。また、恐怖が込み上げてきました。この空っぽの空間は何でしょう?　私の中で大混乱が起こっていました。先生はこんな空っぽの空間や暗闇に関しては何も話していませんでした。こんなものの話は、誰からも聞いたことはありません。

「助けてもらわないと、溺れてしまう」という表情の浮かんだあの女性の顔が、脳裏を横切りました。彼女も、今の私と同じようなところにいたのでしょう。

そこにあるのは恐怖だけでした。このブラックホールに落ちて暗闇に飲み込まれてしまうのが恐ろしくてたまりませんでした。もしその穴の中に入ってしまったら、気が狂って自分を失って死んでしまうかもしれません。

私は、「死ぬもんか！」と全身全霊で抵抗しました。この空っぽの空間に落ちて、自分を失うわけにはいきません。その中に飲み込まれたら、私はもう存在しなくなるかもしれません。死の恐怖があふれてきました。未知への恐怖も襲ってきて、何ひとつ分からなくなってしまうのではないかという恐れで全身が震えました。これには身をゆだねられませんでした。私は消滅してしまうかもしれないのです。

体を思い切りこわばらせて、意識を無理やり集中させました。「しっかりつかまって。放してはだめよ！」と繰り返しました。

私は椅子の腕に必死でしがみ付いて、抵抗の中にはまり込んで、完全に行き詰まってしまいました。

もうどうすればいいか、まったく分かりませんでした。

全身の力を振り絞って抵抗していたので、やがてとても疲れてきました。私の背中を汗が伝っていました。この実験をなんとしてもやり遂げるつもりだったので、ここでやめるつもりはありませんでしたが、こんな恐ろしい未知のブラックホールの話は、今まで聞いたこともありませんでした。こんなものがここにあるなんて、信じられない思いです。

この暗闇の中に引きずり込まれないように私は必死になっていましたが、すでにもう、これ以上は頑張れないというところまで来ていました。そして、体を緩めてリラックスしたいという衝動に、抵抗しきれなくなっていました。

「もし、このブラックホールから離れることができないとしたら、私はここに永遠にいることになってしまうのでは？」と思ったとたん、私の中で変化が起こりました。今この恐怖の中に永遠に凍りついていることは、未知のブラックホールの中に入っていくより、もっと耐えがたいと気づいたのです。

その時です。私の中の何かがリラックスしました。必死にしがみつくのをやめると、柔らかなそよ風に吹かれるように軽々と暗闇の中に身をゆだねることができました。私の中にゆったりとした平和が広がりはじめました。軽やかな心地よさが、まわりじゅうに広がって、愛が満ちてきました。

すべてが生き生きと輝く愛の存在に変わっていました。その愛はすべての中に息づいていて、まわりにも充満していました。壁も椅子もカーペットも空気も、そして私もその愛で満たされていました。

意識が自然に広がるにつれて、その愛が私の住むこの町にも、世界にも、宇宙全体にも浸透しているのに気づきました。私は思いがけなく限りない自由を経験して、その自由と永遠と愛は、いつもここにあるということに気づいたのです。

それは瞑想で得られるような一時の平和の体験ともまるで違っていました。「宇宙が造られている永遠の愛で私もできている」ということを、全身全霊で知ったのです。

あの日から私は、自分の本質を忘れずに過ごしています。私は完全に自由で、すべての一部だったのです。もちろん日々の生活の中で、思考や感情や人生のドラマが引き続き起こされることに変わりはありませんが、それもこの広々とした永遠の存在の中で起こっていることなのだという認識を、今では持っています。

感情はたしかに悪者ではありませんでした。私を魂の中へと導いて、私の本質である愛がいつもまわりで輝いていることを教えてくれたのです。

感情は限りない自由を知るための招待状なのです。あなたが探し求めてきた悟りが、最悪の感情の真っただ中にあるのです。

ようやく感情と友だちになる時がやってきたのです。さあ、あなたの本質へ連れて帰ってもらいましょう。

あの日以来、感情は終わりのない自己発見の旅の大切なパートナーになりました。

今は無理なく簡単に、たとえ抵抗があっても、ゆったりと意識を広げて、感情の中心に身をゆだねることができるようになりました。そして、誰でも簡単にこの抵抗をゆるめて感情に入って行くためのテクニックをいくつも開発して、セミナーで使っています。この章の最後で、その一つを皆さんにも体験していただきたいと思っています。どんな感情の中にあっても、そこでリラックスすることを選べば、簡単に次の感情へ入ることができ、誰でも永遠の存在を経験することができるのです。

感情に意識を向けて、それを心から受け入れて、もし抵抗があるのなら息を吹き込んでリラックスして次の感情へ入っていく。一度コツがつかめれば誰でも簡単にできるプロセスです。感情に抵抗することが長年の習慣になっている場合には、最初は多少時間がかかるかもしれませんが、慣れればこのプロセスは数分でできるようになります。感情に意識を向け、やさしく受け入れて抱きしめると、その中で簡単にリラックスできるようになるでしょう。

その点、子どもたちは、驚くほど簡単にジャーニーワークに入ることができます。子どもは、素直な心でありのままの感情を受け入れるからだと思います。彼らは軽々と自然に感情の層を降りていき、たちまち平和を体験します。素直な子どもたちは、抵抗や無理なあがきとは無縁なのです。

あがきを崇拝しているのは、私たち大人だけです。苦労したり努力したりすることが大切だと思い込んでいるので、楽で簡単だったら、それにはあまり価値がないと思っているのです。そして、自分でわざわざ抵抗を作り上げてそれに対してあがくという規範すら作り上げています。思い当たる節がありますか？　あなたは「どれほど頑張ったか」ということで、成功をはかっていませんか？　自分の感情に立ち向かって勝とうと頑張っている、軍の司令官になっていませんか？

そろそろ抵抗を捨てて戦いを終わりにし、今ここに存在する限りない愛に身をゆだねてみましょう。もちろんこのプロセスを行う際には、いつもお手本通りに進むとは限りません。避けようとして戦っている感情と愛憎関係を持っている場合があるからです。その特定の感情をとても恐れていると同時に、魅了されて釘付けになっているのです。あるいは、苦手な感情を押し殺そうとすると同時に、その意味を探るのをどこかで楽しみにしているのです。

つまり、その感情にしがみ付いたり、わざわざ何度も思い出したり、それを感じるのは誰のせいかと頭を悩ませたり、その感情のためにどれほどつらい思いをしてきたかを大げさにドラマ化したり、その苦しみをしつこく話題にしたりします。また、カウンセラーのところに行って、そんな気持ちになる原因を知ろうとしたり、ワークショップへ行ってそれをわざわざ引きずり出して切り捨てようとしたり、その感情が持つ意味をいつまでも考えて遊んだりします。

「感情のドラマ」を失ったからといって、私たちはいったいどうなるというのでしょう？　自分の性格や特徴や個性は、感情によって作り上げられているのだと思い込んでいませんか？

感情は、突然訪れてそして突然去って行く、一時的なものです。私たちが意味を与えて、ドラマを作り上げて、エネルギーを注ぎこまなければ、ほんの数秒しか続きません。

あなたが物語を添えなければ、感情はただ通り過ぎていく体感でしかないのです。体を駆けめぐる化学物質以外の何ものでもありません。けれど、私たちがそれに意味を与えて重要なものだと決めるからこそ、それを深く分析して理解しないではいられなくなるのです。そして私たちがその感情を取り巻くドラマを繰り返し上映して、想像力を使ってそれをさらに誇張するから、その感情をいつまでも感じ続けることになるのです。

感情は、意識の中で起こる瞬間的な火花のようなものです。そこに、誰かの意見が書かれた古い新聞紙を投げ入れて燃え上がらせ、薪をくべて油を注ぎ、噂話やセラピストの意見が書かれた扇であおりたてて、巨大な焚き火を作りあげているのです。燃料を足し続けなければ、焚き火は、いつかは自然に消えるものです。

いろいろと考えあぐねたり、悲劇のドラマを作り上げたり、エネルギーを注ぎ込むことで自らが持続させている感情を、もう一方で必死に押さえ込もうと戦っているとは、なんと皮肉な話でしょう。いいですか？　感情がもたらす痛みや苦しみを、私たちは自ら維持しているのです。

あなたがその物語を手放すと決めたとしたら、どうなるでしょう？　どんなに楽になるでしょう？　感情が浮かび上がってくるたびに、それを友として心から歓迎して一緒にリラックスすれば、その真ん中に自由を見つけることができるのです。

これは、感情を取り扱う方法として近年一般的になっている「切り捨て」とは違います。もちろん、なぜ「切り捨て」が好まれるのかは、よく分かります。充分に泣いたり癇癪《かんしゃく》を起こしたりして地団太を踏んだりすると、その場では本当にすっきりした気持ちになれるからです。けれどそれは一時的に感情を追い散らしただけで、本当に問題を解決することにはなりません。その感情は後でまた必ず訪れてくるからです。感情を完全に受け入れてその中に身を任せることのみがあなたに本当の平和と自由をもたらすのです。

感情を追い散らしたり分析したり、あるいは感情の中に溺れないことが大切です。戦わず、もがかず、かといって感情から逃げないで、向かい合って身をゆだねるのです。もし逃げれば、必ず後から追いかけてくるでしょう。足を止めて振り返ってその感情をしっかり見つめ、そこに自分をゆだねれば、その真ん中にある愛を発見するでしょう。その他のすべての回避術は、痛みを単に長引かせているだけです。感情から逃げることはできないのです。もし平和を求めているのなら、感情の中に飛び込むことが唯一の選択肢なのです。

お分かりいただけたでしょうか？　感情を迎え入れ、その中でリラックスして身をゆだねてしまうのが、あなたの本質に出会うための最善の方法です。
感情こそが、限りない永遠への入り口なのです。

プロセス⑤　誘導内観：感情

感情は、限りない永遠への突破口です。そして「本当のあなた」という存在への帰り道であり、平和への道しるべです。

ここでは、途中で邪魔が入ったり気が散ることがないように、一人で静かになれる場所を選びましょう。今回は自分で読みながらではできないプロセスなので、CDを使うか自分の声を録音してください。誰かに読んでもらうのもいいでしょう。

これは、感情を通り抜けて、その中に存在している平和を経験するためのプロセスです。一番の鍵は、完全にリラックスしてどんな感情があらわれても歓迎してその中に身をゆだねるということです。もしその感情にまつわるドラマや記憶が浮かんできても、それに意識を向けないようにしましょう。これらは、純粋な感情の経験からあなたを遠ざけようとするマインドが、映像やイメージを映し出して意識をそらそうとしているに過ぎません。このマインドゲームに引きずり込まれずに、それらの記憶や映像はそのまま通過させて、そこにある感情だけをしっかりと迎え入れて感じてみましょう。

もしその過去の出来事に癒しが必要なら、私の前著『癒しへの旅』を読んで、そこに書かれている感情の旅のプロセスを使って、鬱積している感情とその痛みを手放し、完全な許しと理解を手に入れることをお勧めします。今回のこの短いシンプルなプロセスでは、記憶には触れずに、あなたの意識を今現在感じている感情だけに向けましょう。

もし途中で目を開けたくなってしまったら、中断しても問題はありません。でも、すべての感情は、どれも短い瞬間しか続きません。そして自然な潮の満ち干のように訪れては去っていきます。あなたがゆったりと身をゆだねているこの限りない空間は、現れては消えていく感情に影響されることは決してないので、支障はなにもありません。

このプロセスによって、感情と友だちになってしっかり感じるという新しい関わり方への小さな第一歩を踏み出すわけですが、以後このシンプルなプロセスを繰り返していけば、ますますリラックスして簡単にできるようになるでしょう。

これは、自分を信頼することを学ぶプロセスでもあります。時が経つにつれてお互いの信頼が深まって、抵抗は自然に消え去るのです。

さあ、今こそ、美しい花であるあなたの花びらを広げて、その壮麗な美しさを輝かせる時が来たのです。感情は、あなたを本質へと導いてくれる一番の親友です。感情というパートナーと共に、悟りのダンスを踊りましょう。

まずは「感情を歓迎して受け入れるようになりたい」という意図を明らかにして、すべてを歓迎する意志があることを自分自身に伝えましょう。隠れた感情や、秘密の場所にしまわれている感情、あまり出会ったことのない感情、そして今まで決して認めないできた感情ですら、わき上がってきた感情はすべてそのまま受け入れることを伝えましょう。


さて、ゆったりと落ち着いて静かに座ったら、あなたの意識をどこまでも広げてみましょう・・・目の前にも限りなく・・・後ろにも広々と・・・そして両側にも広く自由に・・・足元にもどこまでも深く・・・頭上にも空のように果てしなく・・・広々とした空のようなこの意識の中で、ゆったりと休んでみましょう。

心を世界のように大きく広げて・・・あなたの感情だけでなく、今まで存在したすべての感情・・・ご先祖様の感情や・・・人類の苦しみも・・・すべて包み込めるほど大きく心を開いて・・・すべてを包み込めるほど大きなあなたの愛は、慈悲に満ちています。

それでは今、感情をこの愛の抱擁の中に迎え入れてあげましょう・・・しっかりとわき上がらせて・・・ただ純粋に・・・それらを変える必要もなければ、直す必要も、分析する必要もありません・・・ただ歓迎して・・・あなたの体で、特に凝っている場所に意識を向けて・・・それがどんな感覚かをしっかり感じてみましょう。

その感覚をあなたの愛でやさしく迎え入れて・・・百パーセント感じきる意志があることを伝えましょう。

もしどこかに抵抗する気持ちが現れたなら、それも歓迎して・・・それが今までの習慣だったのだから、ごく自然な反応なのだと、その抵抗も受け入れて・・・やさしく意識を向けて、やわらげてあげましょう・・・感じることは安全なのだと、教えてあげましょう・・・もう抵抗があなたを感情から守る必要はないのです・・・ここに何があろうと、それをただ感じればそれでいいのです。

自分にやさしく・・・感情の中に心を開くのは、まるで花が開くような感じかもしれません。無理せず、自然にまかせて・・・やさしく誘いかけながら、その花がゆったりと開けるスペースを作ってあげましょう・・・あなたの感情の花を咲かせて・・・ますます満開にして。

もし感情から逃げたいという衝動に気付いたら、それも認めてあげましょう・・・それは自然な反応だと・・・あなたの愛でやさしく包んであげましょう・・・そして、もう一度最初に感じた感情に意識を戻してみましょう・・・それをしっかり感じてみましょう。

私たちの感情は、すっかり臆病になってしまっているかもしれません・・・今まで、閉じ込められたり、踏み付けられたり、無視されたり、避けられてきた感情は、親から拒絶された子どものように、もう私たちを信用してくれないかもしれません・・・今まで何度も背を向けられたから・・・自分たちの姿を見られるのを恥ずかしがっているかもしれません。

さあ、今こそ感情と向きあうチャンスです・・・それがどんな感情であろうとも・・・心から歓迎してあげましょう・・・今まで何度も批判してきたことを、謝ってあげるのもいいでしょう。しっかりと歓迎して受け入れてあげましょう・・・やさしく抱きかかえてあげましょう・・・いいですよ・・・感情が強くなるにつれて、その真ん中に何があるのか、素直な興味を持ってみましょう。

心を開いてもっとリラックスして、その感情の真ん中に身をゆだねて・・・直す必要もなければ、変える必要もない、何もする必要はないのです・・・ただその感情の真ん中でリラックスするだけ・・・抵抗しているところを探し出して・・・それをやわらげて・・・ただ深くリラックスして。

今ここにあるそれは、何ですか？・・・いいですよ・・・子どものような純粋さで、心を大きく開いて、この感情も受け入れて・・・花がゆったりと咲くように・・・子どものように無邪気な好奇心で、この新しい感情の真ん中に何があるかを感じてみましょう。

ゆったりと・・・心を開いて・・・その感情の真ん中に身を置いて・・・まるで溶け込んでいくように・・・リラックスして・・・さて、ここには何がありますか？

（時には、「その感情の裏側、あるいは下には何がありますか？」という質問を混ぜることもで

きます）

さあ、どんどん心を開いて、まるで花びらをそっと押しわけるように・・・自然に無理なくその中心に身をゆだねるように。

ある時点で、何もない空間や真っ暗な空間が現れるかもしれません。でも、これもまた花びらの一枚にすぎません。その真ん中に何があるか、発見してみましょう。ゆったりとリラックスすれば、そこでも自分自身が広がっていくのを感じることができるでしょう。

こうして心身ともにリラックスして感情を歓迎すれば、やがて、平和や愛や光や自由という海にゆったりと身をゆだねている自分に気づくでしょう。グレースの限りない存在にやさしく包み込まれて、そのやわらかな色に染まっていくでしょう。

では、ここで好きなだけ休んでみましょう。そして用意ができたら、目をあけましょう。

第六章

〈感謝〉が幸せを引き寄せる

感謝はグレースへの一番の近道です。

グレースは、感謝にあふれた心が大好きです。
あなたが感謝を感じると、
そこにグレースが姿を現します。

感謝とグレースは、
まるで深く愛し合う恋人どうしのように
いつも一緒です。

私が知るかぎりでは、感謝はグレースへの一番の近道です。

感謝は、グレースを引き寄せる磁力を持っています。花にたわむれるミツバチのように、グレースは感謝を拒むことはできません。感謝を感じたその瞬間に、グレースが姿を現します。感謝とグレースは切っても切れない仲なのです。

私たちが感謝の気持をいだくと、そこにグレースが姿を現し、グレースにやさしく抱きかかえられると、ますます感謝の気持ちが深まります。まるで恋人どうしのように深い恋に落ちてしまうのです。

最終的には、まったく違いがなくなって、感謝を感じることはグレースを知ることであり、グレースを体験するとまた感謝を感じずにはいられません。まるで恋人どうしのように、相手なしではどこにも行くことができないほど、お互いに夢中になってしまうのです。

今この本を書いている私を包みこんでいるグレースのいろいろな香りの中で、感謝の香りが途絶えることはありません。グレースが私を使ってこの本を書いているかと思うと、その幸運に涙が流れてきます。そして、私を抱きかかえてくれているグレースのやさしさや深い叡智や喜びに、圧倒されているのです。こうしてグレースといつも共にすごしている私は、恵まれているとしか言えません。どれほどひざまずいて感謝をしたとしても、私の気持ちは表しきれません。

もしあなたが純粋な心を今この瞬間に向けたら、たちまち感謝を感じることができるでしょう。

ろうそくから立ちのぼる炎にすら、感謝を感じることができます。一瞬手を休めてまわりを見回すだけでも、椅子に張ってある生地の美しさや、テーブルの木目、グラスの中の飲み水の透明さ、窓から流れこんでくるいろいろな香り、外から聞こえる子どもたちの遊び声など、すべてが感謝を感じるきっかけを与えてくれます。そして、家に屋根があるという当たり前のことから、あなたの体に栄養を与えてくれるおいしい食べものや、共に暮らす大切な家族の足音や、赤ちゃんの目の中にある天使のような純粋さや、目に見えないけれどそこに確かに存在している静けさにさえ、素直に心を開くと感謝を感じずにはいられません。

今この瞬間に意識を向けて、あなたの心を大きく開いてみましょう。すると経験の一つ一つが、感謝を感じるチャンスを与えてくれます。

感謝を心から感じるためには、それがたとえ私たちの望みとは違っていても、今この瞬間をそのまま受け入れることが大切です。なんとか現実を変えたり直したりしたいと願わずに、ありのままそれを受け入れれば、感謝がわき上がり、その空間はグレースで満たされることでしょう。人生の美しさ、そして多くの祝福に心を開けば、そこにはいつも感謝があるのです。

第二章で、私の家がマリブの山火事で燃えてしまった時の話をしましたが、あの出来事では執着に関して学んだだけでなく、それ以上に深い感謝を学ぶ経験となりました。そんなはずはないだろうと思われるかもしれませんが、私にとってはそれが事実です。焼け落ちた我が家を見て感謝の涙があふれてくるなどとは、思ってもいませんでした。あの出来事は実際、不公平で受け入れがたいことではありましたが、それでも事実を完全に受け入れたことで、感謝の気持ちがわいてきたのです。

ここで、あの日のことをもう少し詳しくお話しします。一九九三年の秋、友人のエレインがテレビ番組の撮影監督をするのを手伝いに、一週間ほどニューヨークに行っていた時のことでした。ある朝、スタジオに入ってきた男性が、マリブ海岸沿いのサンタモニカで山火事が発生して、ひどい被害が出ているというニュースを持ってきました。山火事は手が付けられない状態で、カリフォルニア州は緊急に周辺の州の消防隊の援助を求め、国レベルの大災害の認定を受けたとのことでした。もし家族がロサンゼルス近郊に住んでいるのなら、被害がないか連絡をして確かめた方がいいと言うのです。

このニュースを最初に聞いた時、まるで一瞬すべてが止まったような気がしました。息を止めて意識を研ぎ澄ましている自分がそこにいました。私が無言で立っていると、エレインが「あなたの家が大丈夫か確認した方がいいわよ、ブランドン」と言って、控え室でもっと詳しいニュースを見るように勧めてくれました。

控え室に行ってテレビの報道ニュースを見ると、強風にあおられた山火事の炎は二〇メートル以上の高さに達し、あっという間に燃え広がってひどい被害が出ているとのことでした。なんとも信じがたいという気持ちでしたが、そこに映し出される映像は実際に起こっている現実で、映画の一場面などではないのです。見慣れた海岸線に沿って燃え広がっている炎は、親しい友人たちの家があるあたりをすっかり飲み込んでいました。

私が住んでいる海岸沿いは、濃い煙が立ち込めていて何も見えない状況です。突然家を失った人たちのことを思うと、心が痛みました。マリブの住人たちの多くは、家に保険をかけていません。マリブ海岸沿いは、立地上いつでも嵐や津波や高潮や地震や火災などの災害の危険にさらされているため、保険の掛け金がとても高く、それを払える人はあまりいないからです。ですから、家が燃えてしまったら、単に所有物を失うだけでなく経済的にも大打撃を受けるのです。

そして次の朝には、山火事がパシフィック・ハイウェイを越えて飛び火して、私たち一家の借家も一瞬のうちに炎上しまったとのニュースを受け取りました。その地域では、我が家が唯一の被害にあった家だとのことでした。消防士たちは炎が燃えうつるのを防ごうと、我が家を取り囲んで屋根に水をかけてくれたそうですが、どうしても火災を防ぐことはできませんでした。いったん炎が燃えうつると、もうそれを鎮めることは不可能だったとのことでした。マッチで作られたおもちゃの家のように、簡単に燃え尽きてしまったのです。車も炎上して爆発してしまい、私は、これまで一八年間の結婚生活のあいだに集めたもののすべてを失ってしまいました。そして多くの友人同様、私たちにも住宅総合保険はありませんでした。

私は四〇歳にして、冬のコートはもちろん、お皿一枚すら持たない状態で人生のやり直しをすることになったのです。

主人もこの火事のときは、仕事で家を離れていました。そこで私は彼と空港で待ち合わせて、パシフィック・ハイウェイを通って一緒に家へ向かいました。みぞおち近くで不安と恐れを感じていました。目に映る生々しい被害の状況は、テレビで見た不鮮明な映像とは比べものにならない、想像以上のものでした。その恐怖から目をそらすことはできませんでした。燃え尽きた木々が真っ黒な灰の塊となり、まだ赤くくすぶっている残り火からは煙が上がっていました。奇跡的に火事を免れた家々が、焼け野原の中に点在していました。

車の中からそれらを眺めながら、すべてが燃え尽きた家もあれば、こげ跡一つないまったく無傷の家もあることから、そこには何か理由があるのだろうと私は思っていました。

黒こげの焼け野原の中に奇跡的に残った家や建物は、まるで神の手が差し伸べられて守られたかのように見えました。この神秘を私が理解できるはずもありませんでしたが、まさにグレースのしわざとしか思えない光景でした。その光景を見ていると、これは偶然ではないという気がしたのです。でも、ある家は庭ごと助かったのに、そのすぐ隣の家は全焼してしまった、それぞれの理由については、謎としか言いようがありませんでした。

唯一確かなことは、ここにはグレースの息がかかっているということだけでした。

その認識が私の中で強まるにつれて、吐き気がするような不吉な気持ちがこみ上げてきました。グレースを身近に感じていたとはいえ、すっかり焼け落ちた我が家と対面する恐れが、家に近づくにつれて強まってきたのです。

主人と私は何の会話もせず、無言で家へ向かいました。ここまで目の前に広がっていた被害の規模に、言葉を失っていたのです。ただ、最後の曲がり角を曲がるころには、最悪の状態を予想しながらも静かな勇気を振り絞ろうとしていました。

我が家の焼け跡の前に車を駐車すると、主人はエンジンを止めました。二人で車の中にしばし座ったまま、目の前に広がる光景を無言で眺めていました。

この現実をしっかり自分の中に取り込もうと、私はその光景に見入っていました。そして意識を大きく広げると、すべてがはっきり鮮明に見えてきました。そして私は、その瞬間に意識をしっかりと向けました。まだくすぶっている外壁と黒く燃え尽きた我が家の残骸のその向こうには、雲ひとつない青空の下に輝く海が見えました。焦げた柱とは対照的な、鮮明な青い景色でした。

そこには、たとえようのない美しさがありました。その大海原の雄大さの中に、命が息づいているのが感じられました。そして、崩壊と栄光が隣どうしに並んでいるその光景は、驚くほどにまぶしく美しいものでした。

そのとき私の目に浮かび上がった涙は、感謝の涙でした。命の美しさや、創造の雄大さや、知りえない神秘に対する感謝や、生きていることへの感謝が私の中に流れ込んできて、心がはちきれそうでした。

私は、「壁がなくなったら、この美しい海がよく見えるわね」と主人の方を向いて言いました。彼はちょっと皮肉っぽく微笑んで、うなずきました。彼もその瞬間、畏敬の念に打たれていたに違いありません。

私たちは、それまで持っていたはかない期待をいっさい捨てて、この状況を真実として受け入れていました。違う現実であることを祈ったり、どうにかこの状況を変えようとしたり、「なぜ私が？　なぜこの家が？　なぜ我が家だけがこの地域で燃えてしまったの？」などという質問もせずに、ただこの現実を純粋に受け入れていました。

するとその完全な受容の中には、感謝が自然にこみ上げてきました。その感謝を感じると同時にグレースに抱きかかえられた私は、なんと幸運な人間だろうという思いに包まれていました。

それから私たちは、一八年間の思い出の品が何か残っていないかと、瓦礫《がれき》の中をあちらこちら掘り返してみました。そうして、黒こげになって溶けた電化製品や壊れた陶器や割れたガラス類、そして焼け残ってびっしょり濡れた書籍類を眺めていると、だんだんそれらの持っていた意味が薄れていくのを感じました。

それらはしょせん、「物」でしかありません。

物がなくなっても決して変わらない巨大な愛に、私は抱きかかえられていました。その愛は、限りない存在として周囲に息づいていて、キラキラと輝いていました。長年大切にしてきた家族生活の思い出の品々はなくなってしまいましたが、そこには、私自身の本質が残っていました。そして私の本質である愛は、人生の付属品がなくなった今、もっと鮮明にその大きな姿を現しているかのようでした。

それはまったく予想外のことでしたが、でも事実そう感じていたのです。私は本当の感情を否定していたわけでも、この現実を違った目で見てポジティブな感情に無理やり入れ替えたわけでもありませんでした。心を開いて今この瞬間に意識を向け、私の本質は少しも変わっていないことに気付いたのです。「私はこのままで完全だ」という事実がそこにありました。

そこに残っていたのは、愛そのものでした。私はこの愛に深い感謝を感じていました。それは、私が愛そのものであるということへの感謝と、私と主人との愛への感謝、そして命に対する感謝でした。この愛は、私が何かを失ったからといって、傷ついたり、減ったり、変わったりすることのない愛でした。

しばらくして瓦礫の中から、何だか分からないほどつぶれてしまった家族旅行のお土産の品が出てきました。その瞬間、あのバカンスのことを甘酸っぱく思い出しましたが、その感情さえ次の瞬間にはゆったりと私から離れていきました。私が家族と共に味わったあの幸せは、燃えてしまった品物の中にあるのではなく、私の心の中にいつもあることに気付いたからです。あるジュエリーを見つけた時には、直して使うことができないかと、手のひらにのせてみました。それは金銭的な価値と思い出の両方がある品でした。でも手のひらにのせてみると、重くむなしく感じられました。それはただの金属の塊で、私が身をゆだねている生き生きと輝くグレースの美しさとは比べものになりませんでした。その後もしばらく瓦礫をつっつき回してみましたが、実際そこに残っていたものは、愛と感謝のみでした。

それからの一年間は、着古したセーターや、長いあいだ車庫にしまってあった古いマットレスや、読み古したスピリチュアル系の本や、いらない花瓶や余っている食器など、グレースが誰かを通して授けてくれたものを、何でも感謝をしながら受け取りました。そしてグレースは、信じられないほど多くのものを授けてくれました。そして私は、素直な感謝とともにそれらを両手でしっかりと受け取ることを学びました。

まわりの人たちが、生きることへの感謝とともに、自分の豊かさを私に分けてくれたのです。私たちの置かれた境遇は、常にグレースが自らを表現するための器なのです。受け取ることで誰もが恩恵を受けて、捧げることで誰もが祝福を受けるのです。

感謝とグレースは決して離れることのない恋人どうしのように、受容という大きな愛の海の中で、潮の満ち干のようにいつもダンスを踊っているのです。

プロセス⑥　誘導内観：感謝　「感謝をすればするほど、ますます祝福が与えられる」

では、感謝が持つ力を、ぜひあなたにも体験していただきたいと思います。感謝の心は、本当に美しいものです。感謝にあふれた心は、すばらしいものをますます引き寄せます。

さあ、ゆったりと深く息を吸いこんで・・・そしてゆっくり吐いて・・・もう一度深く息を吸って・・・そしてゆっくりと吐いて。

次の二つの物語を読みながら、あなた自身が登場人物だと想像してみましょう。少しずつ違うシナリオでは、それぞれどんな気持ちを味わうのか、しっかりと体験してみましょう。

あなたは海辺の小さな素敵な町に住んでいます。すると両脇の家が同時に売りに出されて、二軒ともすぐに売れてしまいました。そして新しいお隣さんが、どちらも同じ週に引っ越してきました。「どんな人たちだろう？」とあなたはとても気になりましたが、うるさくしては失礼だろうと思い、二週間ほど待ってから、機会を見はからってあいさつをしようと考えていました。

ある朝、左側に越してきた新しいお隣さんが芝刈りをしているのを見かけたあなたは、ちょうどいいチャンスだと思い、あいさつをすることにしました。

ていねいなあいさつを交わした後で、この町の第一印象をたずねると、ためらいながら彼女は「実は、前からやりたかった希望の仕事が決まって、ここに引っ越してくることになったんです。とても楽しみにしていたんですけど、実際に来てみると、住み慣れた都会とはあまりにも違って、都会が恋しくて」と彼女が言いました。

「ご近所の皆さんも親切だし、先日も向かいのご夫婦が崖の上の散歩道がとてもきれいだと教えてくださいました。たしかにここは空気もきれいで健康にもよいと思いますけれど、私はアウトドアタイプでもないし、散歩とかにも興味がないんです。芝の手入れも大変だし、それに虫や動物も苦手なんです。お向かいの犬が、うちの前庭を勝手に駆け回って、花をだいなしにするので追い払おうとするんですが、そのたびに、私をなめようとするので閉口しています」と付け加えました。

「正直言って、都会ではみんな忙しくて人のことは構わないで暮らしているので、ここでのご近所付き合いにもなんとなく息苦しさを感じています。海の景色はきれいですけれど、私は水泳やヨットにも興味はないし……。家を買ってしまったので当分ここから動けませんが、買ったときから価格が上がって良い投資になったのが唯一のなぐさめでしょうか。やっぱり引っ越してきたのは、間違いだったかなと思っているところです」という返事が返ってきました。

彼女の話が終わると、あなたは早々に失礼して、家へ入ってしまいました。

さて、今の話を聞いて、あなたはどんな気持ちがしたでしょうか。なんだかうんざりした気持ちになりませんか？　あなたの中で、どんな反応が起こっているでしょう？　新しいお隣さんに対して、親切にしてあげたいという気持ちが生まれたでしょうか？　彼女に好感を持ったでしょうか？　それともその逆でしょうか？　体に意識を向けてみると、どこか緊張している箇所があるでしょうか？

さて、次の日に、右側に越してきた新しいお隣さんが花壇の草むしりをしているところを見かけたあなたは、あいさつをして、同じようにこのあたりの印象を聞いてみることにしました。

あなたのあいさつが終わるか終わらないかのうちに、彼女はいかにもうれしそうに「お会いできてうれしいわ。とても素敵な町で、ここに住めて幸せです。私は近所付き合いもまるでない都会での暮らしに慣れていましたけど、ここの自由な雰囲気がとても気に入ってしまいました。海からの空気はすがすがしいし、景色の美しいことといったら。もちろんあなたはご存じですものね。ご近所の犬は、私を見かけるたびに駆けてきてなめてくれて、とってても人なつっこくて可愛いいんです。動物が得意な方ではないんですけれど、あの犬はすっかり気に入ってしまいました」と言いました。

「笑われるかもしれませんが、庭で土いじりをするのは、生まれてはじめてなんです。雑草を抜いたり草花を植えたりするのが、こんなに楽しいなんて思ってもいませんでした。ご近所は皆さん親切で、このあいだは崖の上の散歩道のことをあるご夫婦が教えてくださったんです。行ってみたら、今まで見たこともないような美しい景色で。雨の日もまた風情があってすばらしいですね。海のスポーツはしたことがないんですけれど、せっかくだから今年はヨットに挑戦してみようと思っているので、夏が来るのが楽しみです」

さらに彼女は続けます。「正直言って、都会からこんな小さな町に越してきたら退屈してしまうのではと思っていたんですけれど、自分でもびっくりするほど気に入ってしまいました。すべてが生き生きしているこの海辺の町に比べたら、都会はけっこう退屈だと今では思っているんです。新しいお知り合いを作るのは楽しいし、地域社会の一員という気持ちっていいものですよね。新しい仕事は今まで夢見ていた仕事だし、この家ももう値段が上がって最高の投資になったんです。私はお宅の反対側に越してきた女性と同じ会社に勤めているんですよ。もうお会いになりましたか？　私はなんて幸せで運がいいんだろうと思うと、感謝でいっぱいです」彼女はこう言って笑顔を浮かべました。

彼女の笑顔に笑顔で答えたあなたは、会話を終えて家に入りました。

さて、もう一度ここで自分をチェックしてみましょう。この新しいお隣さんに対して、あなたはどんな気持ちを持ったでしょうか。彼女に出会って、うれしさと感謝の気持ちを感じたでしょうか？　なんとなく心が踊ったでしょうか？　彼女の興味がありそうなことをもっと紹介したり、親切にしてあげたりしたいという気持ちになったでしょうか？　他にも紹介したいこの町の名所を思い浮かべているでしょうか？　彼女の経験をますます良いものにしてあげたいという気持ちがしているでしょうか？　この町に暮らせることに対する、あなた自身の感謝が深まったでしょうか？

ではここで、二つの会話を比べてみましょう。どちらの女性も礼儀正しく、二人ともあなたの住む海辺の小さな町に最近住むようになり、同じ景色や同じご近所と同じ犬の話をしていましたが、二人の感想は大きく違っていました。同じくらいの水が入っているのに、半分空っぽのグラスと、半分まで感謝で満たされたグラス、どちらのお隣さんにひかれたでしょうか？

誰かが感謝を示していると、もっと喜ばせてあげたいと思うのが自然ではありませんか？　人生は感謝の心にひかれます。半分空っぽのグラスではなく、すでに半分満たされているグラスに、人生がますます豊かさを注ぎ込んでくれるのです。感謝の心はまるで磁石のように、もっと何か感謝することを呼び寄せてくれるのです。自分が恵まれていることに意識を向けると、その祝福をもっとたくさん引き寄せることができるのです。

その逆に、不足にばかり意識を向けて感謝の心が欠けていると、その不足が不足を呼んで、やがては不足の海に引きずり込まれてしまいます。不足に意識を集中させると、もっと不足を作り上げてしまうのです。

これは、単純ですがとてもパワフルな「法則」です。さて、あなたはどのくらい感謝の気持ちを持って、日々を過ごしているでしょうか？　感謝をするかしないかも、私たちの選択であり、その選択はいつでも変えることができます。あなたが感謝をした瞬間、あなたは幸福で満たされるのです。

それではここで、その感謝の気持ちを現してみましょう。たとえば、「今、自分のために時間を使うことができることに感謝します」とか「私自身の深い叡智を知ることができることに感謝します」とか「友だちや家族や大切な人たちに感謝します」など、そして小さくて具体的なこと、その一つ一つに感謝をしましょう。五分から一〇分ぐらいの時間を使って、あなたの人生に話しかけるように声を出して、何に感謝の気持ちを感じているかを言ってみましょう。

心の底から深い感謝を表すことで、あなたはたちまちゆったりとしたグレースの海に抱きかかえられるでしょう。

少しのあいだ、この本を閉じて、ぜひ試してみましょう。心から人生に感謝を示すと、どれだけあなたが恵まれているかが分かるでしょう。感謝はとても寛大ですから、あなたが感謝することを選ぶと、たちまちあなたに幸福を感じさせてくれるでしょう。

オーストラリアは私の大好きな国の一つです。それは、オーストラリアの人々が深い感謝の気持ちをもって暮らしているのを感じるからです。ある日、パートナーのケビンと二人でオーストラリアのバイロン・ベイの海辺の小さなカフェで昼食をとっていたときのことです。大きなエリマキトカゲが、食べ物をねだりにやってきました。でもトカゲが多いこの地域では特にめずらしい光景ではないので、他の食事客は微笑む程度で気にもせずに食事と会話を楽しんでいました。けれどニューヨーク出身の私には大変めずらしいことだったので、足元に寄ってきたトカゲの美しい色合いや、とげとげした頭や、ざらざらの表皮と丸く輝くガラス玉のような目に、しばし見入っていました。そしてそのトカゲの人なつこさに、すっかり感心してしまいました。私がトカゲに見入っているのに気付いた隣のテーブルのカップルが、親しげに話しかけてきて、会話が始まりました。

私は、一年の半分を南半球で過ごして、オーストラリアをよく知っているつもりだけれど、この国に住むめずらしい動物たちには、今でもたびたび驚かされると話しました。私は、この国のユニークな野生動物に出会うと、まるで子どものようにうきうきしてしまうのです。

となりのテーブルの女性は、このバイロン・ベイに住んでいて、毎日二時間半近くかけてブリスベンまで通勤し、コンピューター関係の仕事をしているとのことでした。彼女はシングル・マザーで、毎日の通勤には時間がかかるけれど、おかげで生まれ育ったバイロン・ベイの良さがますます分かったと言いました。そしてバイロン・ベイのような小さな町では必要とされない分野の仕事をブリスベンでできることを、幸せに思っていると話してくれました。勤務時間が長いうえに通勤に時間はかかるけれど、かえってそのおかげで七歳の息子が彼女の両親とたくさんの時間をすごせるのはすばらしいことだと思っていて、両親がそばに住んでいて息子の世話をしてくれることにいつも深く感謝していると言いました。

会話が終わるころには、彼女の新鮮な人生の見方を聞いて、私は幸運で心が満たされた気がしました。彼女が何気なく語った感謝の気持ちは、純粋さと謙虚さに満ちていました。彼女たちが帰っていった後で「今の彼女の話が、とても感動的だったのはなぜだと思う?」とケビンにきくと、「感謝の心だよ」と彼が言いました。「大半のシングル・マザーは、長距離の通勤や長時間の勤務時間がどれだけ大変かという愚痴を言ったり、息子が祖父母とばかり時間を過ごしていることがどれだけ悲しいかという話をするよね。でも彼女は、どれほど自分が祝福を受けているかという話をしてくれた。彼女の話が感動的だったのは、深い感謝とともに生きているからさ」

彼女は感謝の目を通して、人生を見ているのです。そしてその感謝は、ますますの祝福をよんでいるのでしょう。

感謝をすることは、私たちの選択です。

毎日を感謝の中で暮すことができたら、どんなにすばらしいでしょう。自分がどれほど幸運でグレースからのたくさんの贈りものを与えられているかということに気付いて感謝を感じるならば、ますます祝福があなたのもとに届けられるのです。

つい最近も私は、感謝が持つ力を思い知らされる、すばらしい体験をしました。

それは、広々とした美しい緑の丘に建てられた滞在型セミナーセンターで行った「グレースに抱かれて」と名づけられた週末リトリートでの出来事です。このセミナーは、グレースを日々の生活に迎え入れる邪魔をしている考え方や限界を取り除いていくもので、最終日にはみんなでお祝いの昼食を庭で食べることになっています。そこで私は参加者に、この美しいセンターで働いているスタッフに、昼食を食べる前に感謝の意を示したいと話しました。スピリチュアルな考え方にもとづいて建てられた非営利経営のこのセンターへは、施設使用料金をすでに支払っていましたが、ここで食事の世話をしてくれるスタッフたちは、本当に少額の報酬しかもらっていないことを知っていたからです。彼らはセンターの主旨に賛同してサポートしているボランティアでした。まさに「真実」に奉仕をしている人たちで、セミナーのあいだずっと、私たちは彼らからの寛大な親切と祝福を受けていたのです。

彼らの静けさと愛は、食事やこのセンター全体に息づいていました。敬意を示すために、ぜひ何かしたいと考えたのです。それを話すと、一瞬みんなが静まりかえりました。そしてすぐに心から同意してくれました。

そこでスタッフを舞台の上に招いて、一人一人に感謝を伝えました。それぞれの光り輝く謙虚な顔を見ていると、週末のあいだじゅうどれほどの愛を受けていたかを感じて、感謝で胸がいっぱいになり涙があふれてしまいました。私は胸の前で手を合わせて、感謝の思いを込めて一人ひとりに深く頭を下げました。でも、ありきたりの言葉やおじきなどでは、とても表しきれないほどの感謝でした。しまいには私はその場にひざまずき、床に頭をつけて「真実を愛する皆さんの心の広さと謙虚さに、なんとお礼を言っていいか分かりません。本当にありがとうございました」と言うことしかできませんでした。

最後にみんなで神と自然の雄大さを讃《たた》える「マグニフィセンス」という曲を歌い終わったときには、誰もが感謝の涙を流していました。

私たちは心を大きく開いて、感謝の気持ちを込めて両手を合わせ、お互いに無言の愛を送り合いました。

その愛と感謝とお互いを敬う気持ちの満ちあふれた静けさの中で昼食を楽しんでいると、ケビンがグラスを叩いて合図をして、みんなを私たちのテーブルのまわりへ招きました。そこで彼は、イギリスでのセラピスト・トレーニングの最終日に、南アフリカでのジャーニー・アウトリーチプログラム（ジャーニーの非営利福祉プログラム）の資金集めのためのオークション（競売）をした話をしました。南アフリカでは、ジャーニー・セラピストのグループがボランティアとして、学校や、刑務所や、部族のコミュニティ・センターや、麻薬中毒患者の施設や、エイズで家族をなくした子どものための孤児院や、若者たちのつどいに出向いて、普通では癒しのワークを体験することのできない大人や子どもたちのために、無料のセラピーを提供するプログラムを行っているのです。私自身も南アフリカを訪れる時には、人道活動をしている組織の人たちに無料のジャーニー・インテンシブ（二日間の初級セミナー）を提供したり、貧しい地域へ出向いて、地元の人々にジャーニーのトレーニングを提供したりしていました。

最近では、そのアウトリーチのプログラムが無料で譲り受けた土地に、子ども用の教室や大人用のセミナー室や個人セッション用の個室を設けた施設を建てる計画が進んでいました。完全に無料で、人種や宗教や出身地などに関わりなく、誰でも利用できる癒しのセンターを作り上げる計画でした。

南アフリカは、癒しと許しと和解が今とても必要とされる国で、ジャーニーでは、政府の援助のもと大勢の教師にトレーニングを提供していました。そしてこのセンターを実現するために多くのボランティアが、建築家なら無料で設計図を書いてくれたり、弁護士なら時間を提供してくれたり、セメントやレンガなどの資材の寄付を募ったりして尽力してくれていました。今、さしあたって必要な費用は、センターの本館建築用の資材と建築費の約三万オーストラリアドルという見積もりでした。ケビンは、このあいだのオークションで三千ドルを集めることができたので、あと二万七千ドルを集める必要があるという話をしました。そして、少しでも目標に近づけるように、高価なものではないけれど、私の私物のオークションをしたいと話しました。

すでに心を大きく開いていた参加者たちは、南アフリカの人たちが心を癒して生活を改善していくために、どれほどこの援助を必要としているかをよく理解していました。

そこでケビンは百ドルで競売を開始しました。そして二百ドル、三百ドル、五百ドル、七百ドルとせり上がり、買い値が千ドルになると、その場を沈黙が支配しました。お互いの寛大さに、みんな感動していたのです。

するとまた、誰かが手を上げて静かな声で二千ドルと言いました。短い沈黙の後で、今度は他の誰かが二千五百ドルと言って、次には三千ドルという声が上がりました。そして四千ドルと誰かが言ったときには、私は心臓がはちきれそうな思いがしはじめていました。そしてまた短い沈黙の後で五千ドル、そして沈黙、六千ドル、そして七千ドルになったときには、私の心の中のダムが決壊して圧倒的な愛と感謝がとめどなく流れ出していました。目の前で南アフリカの夢が、どんどんと実現に近づきつつあるのです。

ケビンも目にいっぱいの涙を浮かべて、これ以上の値段を受け入れる勇気があるか、自分でも迷っているようでした。沈黙の中でみんなが涙を流していました。

ある女性が手をあげて、ささやき声で一万ドルと言いました。その時点で私たちは、このジャーニー・アウトリーチのセンターはただの構想ではなく、もうすぐ実現に近づくことに気づいたのです。その瞬間、みんなの中の感謝の心が爆発して、ぜひもっと貢献したいという声があがりました。そこでケビンがもう一つ二つの品物を見つくろって、オークションが続けられました。そしてさらにみんなが大小いろいろな寄付や献金をしてくれて、この場だけで五万ドルを超える資金が集まったのです。センター建築の夢が実現した瞬間です。

これは、短時間のあいだに起こった、思いがけない出来事でした。みんなの感謝の心が集まったほんの数分間のあいだに、癒しのセンターの構想が現実となったのです。これは、かなえられるべき夢だったのです。グレースが私たちを通して、この南アフリカの夢を実現させてくれたのです。感謝は、それを表わす器が必要なのです。

特に興味深いことは、これは私たち自身の夢ではないということをみんなが承知していたことです。南アフリカの人々の夢を実現化するお手伝いをしたにすぎません。それにも関わらず、私たちがたどり着いたところは、感謝の海でした。大きな願いをかなえる手助けをするチャンスを与えられて、グレースの聖なる計画の駒となって、私たち自身が祝福を受けたのです。この夢の現実化の助けをすることで感謝を表した私たちに、グレースはますます多くの感謝を送ってくれたのです。

それ以来、あの感謝はますます花を咲かせて、南アフリカの夢は何倍にも膨らみました。あのつつましい小さな建物を建てたいという願いからまた新しい夢が生まれ、現在はヨハネスブルグ郊外の南アフリカ最大の黒人居住地区であるソウェトの中心にコミュニティ・センターを建てるという計画に参加しています。

このセンターでは、五歳の子どもから二五歳の青年までが、それぞれの可能性を実現させるためにジャーニーワークを定期的に受けられるようになる予定です。

そして、読み書きやアフリカ文学、音楽、美術やダンス、コンピュータープログラミングや履歴書の書き方などを含めたビジネス講座なども提供して、技能を学び、技術を習得し、それぞれの可能性を発揮できるようなプログラムを提供する現実的で実用的なセンターができあがる予定です。

これもすべては、少人数の人々が、感謝を表わす手段として最初のプロジェクトのサポートをしてくれたことから、始まったのです。

感謝には、どんなに大きな夢も現実化させる力があるようです。とても無理だと思えるような構想すら、実らせる力を持っているのです。感謝の力は、喜びとともにそれらを楽々と実現させてくれるのです。

このように感謝とグレースは、切っても切れない間柄なのです。

私は、生活の中で感謝を表わさずに過ごす日は、一日たりともありません。それは、私とケビンが日々感謝をあらわす形式的なうわべだけの習慣を持っているという意味ではありません。あまりにもたくさんの祝福に囲まれて過ごしているために、日々その深い感謝の心を表わさずにはいられないということなのです。

五〇歳になった年に、私は生まれてはじめて家を購入しました。私とケビンが選んだその家は、一九六〇年代に建てられた、平らな屋根で床も少し歪んでいるような、寝室が三つの古びたつつましい一軒家です。けれど毎朝起きて寝室からリビングルームへ入ると、心に感謝があふれてくるのです。

このつつましい家は、ウェールズ地方の海辺の小さい村が見下ろせる崖の上に建っています。前の持ち主が大切に手入れをしてきた庭は、その愛に育まれてとてもすばらしく、家のまわりの広々とした公有地は、大海原が見わたせる崖まで続いていて、かぐわしい新鮮な空気が流れています。牧草地には羊が放牧されていて、ときおり村の中を自由に歩き回ったりしています。私は本当に幸運だと思っています。我が家の居間や庭からの景色は、息をのむほどすばらしく、深い静けさに囲まれています。

大都会ニューヨーク育ちの私が、母羊が子羊に呼びかける声を聞きながら眠りにつくようになるとは思ってもいませんでした。その羊たちの呼び声は、今では私にとってこの地球で一番すばらしい音の一つとなりました。忙しいセミナーの合間にここに戻って、癒しと新鮮なひらめきが得られるこの場所でゆったりと休めることは、この上ない幸せです。そんな私の感謝の気持ちは、日々薄れることはありません。

感謝を表わすことは、人生をとても「おいしい経験」にして、充実感を与えてくれます。そして感謝をすればするほど、人生はますます豊かで恵まれたものとなるのです。

感謝の目で人生を眺めると、すべてがグレースで染められているのが見えてきます。

あなたを心から愛しているグレースは、あなたが豊かな人生を味わうようにと、いつも招待状を送ってくれているのです。

プロセス⑦　誘い：感謝

あなたの暮らしの一面で、適当に扱ってしまっているところがありますか？　人生がグレースをいつも注いでくれているのに、あなたのグラスは半分空っぽだと思っていませんか？　そろそろその半分空っぽだと思っているグラスが、実はグレースの祝福で満たされているのに気付くときではないでしょうか？

感謝はいつでもグレースを引き寄せます。あなたがこの人生で与えられているものに感謝を示すと、グレースはお返しに祝福をグラスに注いでくれます。グレースは、感謝の心にいつも耳を傾けてくれています。

それでは、ここでまずペンと、紙かメモ帳を用意しましょう。

ゆったりと何度か深呼吸をしながら、静けさの中に心を開いて、あなたが受けている数え切れないほどの祝福に、意識を向けてみましょう。たとえば、ここにペンと紙があることや、あなたを愛してくれる人たちがいることや、健康的で栄養のある食材が手に入る豊かさなど、あなたの生活の中にちりばめられたグレースの恵みに思いをはせましょう。

そしてあなたのグラスがあふれはじめたら、そのたくさんの感謝を、紙の上に書き出してみましょう。

「何に感謝しようか？」「何が本当にありがたいことか？」と自分にたずねながら、小さいことから大きなことまで、どんどんと書きつづってみましょう。

自然の美しさや恵み、洋服や食べ物など、感謝していることを細かく何ページにも書き出して、感謝のリストを作ってみましょう。

思い浮かぶすべてを書き出したら、ペンを休めて、あなたがどれほど幸運かを、しっかりと感じてみましょう。今あなたが置かれている環境や現実にかかわらず、グレースはいつもそこに存在しているのです。心からの感謝を表せば、そのグレースの中で休むことができるのです。

感謝は感謝を呼び、リストは終わりのない感謝の泉となるでしょう。日々の祝福を書き留める習慣を作るのもすばらしいことです。

感謝を感じるのはとても素敵な経験なので、一度リストを書きはじめると、この先もずっと続けたいと思うかもしれません。そうすれば、あなたはいつでも感謝を選ぶことができるのです。

第七章

〈真実の愛〉にすべてをゆだねて

この愛に口答えはできません。
この愛の扉をくぐりぬけると、
すべてを取り上げられてしまいます。
大空に身をゆだねて、
自由に飛ぶ力さえ手放してしまった鳥たちは、
落下する時に羽を与えられるのです。——ルミ

「この愛には口答えできない」、というのはまさにその通りです。グレースの巨大な愛を知りたいと思ったら、ハートブレーク（胸が締め付けられるような悲しみ）を何千回と味わっても、愛にすべてを捧げる勇気が必要なのです。この愛から何かを少しだけ隠したり、出し惜しみすることはできないのです。どれほど愛の美しさに圧倒されても、胸が締め付けられるような悲しみを味わったとしても、この愛の炎の中で自分を失ってもいいという覚悟が必要です。

大きな空のようなこの愛にすべてを捧げてしまうと、自分で飛ぶ力すら失ってしまうかもしれません。するとグレースは、あなたに自由の翼を与えてくれるのです。その愛の翼に支えられてはじめて、限りない大空へと高く舞い上がることができるのです。

いったん完全に落下するか、何かにしがみついてじたばたするかのどちらかしかありません。でも、しがみついているあいだは、この愛の深さを味わうことはできません。この愛はあなたのすべてを求めているのです。少しでも何かにしがみついていれば、グレースの愛の大きな海で泳ぐことはできません。

この愛に「ここまでは捧げるけれど、それ以上はダメ」と言っても、聞き入れてはくれません。あなたが何かにしがみついていると、それが邪魔をして、この愛を味わえなくするのです。その結果、孤独感の中でグレースを探し続けることになってしまうのです。

キルタナという女性シンガーソングライターが、この真実を美しく歌った曲があります。

この愛は私を溺れさせる海のよう
沈むことも泳ぐこともできるけれど
私だったら溺れることを勧めるわ
服は持たずにいらっしゃい（自分をさらけだすために）
服を着ていたり足ひれを付けていたりしたら、
この愛にはすぐにばれてしまう
そして息継ぎに上がってきたあなたをたちまち見つけて
引きずり戻すでしょう

この愛はとても厳しいの
この愛はすべてを求めるの
あなたがまだしがみついている
そのほんの少しのものですら
この愛は絶対に欲しがるわ

キルタナのように、私も「溺れる」ことをお勧めします。この愛への唯一の道は、感情のダムを決壊させて、すべてをゆだねることだけです。恥ずかしく思ったり、醜いと思っているあなたの影の部分すら、すべてをさらけ出すつもりでいなければなりません。グレースは、怖れや、欲張りなところや、自信不足や、無価値感や、あれこれと欲しがる気持ちや、そして嫉妬や激しい怒りなども含めた、あなたの性格の良いところも悪いところも、そして取るに足らないと思うことすら、すべてを求めてくるのです。この愛を経験するには、無抵抗でなければなりません。すべてをさらけ出してグレースに抱きかかえられたあなたは、ようやくその愛に染まることができるのです。

私の師であるグルマイは、「あなたが捧げたものは金《ゴールド》に変わり、あなたが出し惜しんだものは石炭になる」と言っていますが、グレースに渡さずひそかに残しているものは、光が当たらずにやがてしおれて死んでしまいます。

この愛はすべてを求めているのです。

でも私たちは、愛にすべてをさらけ出すことを恐れています。自分自身ですら認めたくないものを、光り輝く愛に見せることなど、できるのでしょうか？　けれど、見られることを避けて隠すことによって、あなたは自分を愛から遠ざけているのです。

ありのままの自分をさらけ出すことが、愛につながるのです。そうすれば光が当てられて、愛に抱きしめられる経験ができるでしょう。

昨夜、私の家にジャーニーの仲間が集まり、サットサンをしたときのことです。そこである四〇代の友人が、どれほど母親を恋しく思っているかという話をしてくれました。

六週間の心の通った美しい時間を一緒に過ごしたあとで、彼女のお母さんは今朝、自分の家に帰っていったばかりとのことでした。お母さんに対する愛を素直に語りながら、彼女の目からは涙がこぼれて、ありのままのもろさをさらけ出していました。

お母さんに対する深い愛と、子どものような素直な姿に心を打たれながら、みんな静かに聞いていました。「母が去ってしまって、とても寂しくて悲しいんです」と震えた声でささやいた彼女の頬を涙が伝うと、言葉が続かなくなってしまいました。

私は少し時間をおいて、彼女のお母さんへの愛と母娘二人の深い絆にとても感激して、私たちもそんな関係を母親と持てたらと願っていると言いました。そんな愛は本当に貴重で、彼女がその悲しい思いを拒まずに受け入れることは、その愛をますます深くすることだと付け加えました。愛に痛みが伴うのは自然なことで、あなたの心がはちきれて大きく開いたら、愛もその門を大きく開いてその中に招いてくれるのです。

人間らしくしっかりと愛を感じることができる彼女はとても幸運で、愛はすべてを求めて心を大きくあけさせるものだと私は話しました。

愛の力に圧倒されて、その激しさから身を守ろうと自分の一部を閉ざす人たちがたくさんいます。けれど、愛を閉じ込めると、たちまち人生から切り離されて感覚が鈍くなってしまいます。感情に対してだけでなく、人生のすべてに対して感覚が麻痺してしまい、愛への帰り道を見失ってしまいます。

それとはまるで違う彼女の姿を見て、私はとてもうれしくなりました。愛に心を開いている彼女は今、悲しんでいる心の真ん中に、ただ身を置いていたのです。私はもっと強くその痛みを感じることを勧めました。ただしっかりと身をゆだねて、その痛みの真ん中に行くしか方法はないのです。そしてすべてを捧げると、その痛みこそ愛そのものだと気付くでしょう。感情のダムを決壊させてその愛と交われば、究極の喜びを味わうことができるのです。

いったん悲しみの中に身をゆだねてしまうと、彼女の体はすっかりリラックスして、あの苦しみから解放されていることが明らかに分かりました。お母さんがここにいないことを嘆いたり、一緒にいることを望むかわりに、その感情の強さに身をゆだねたことで、母と娘の関係をやさしく包みこむ愛の海に彼女自身が変化し、母娘の個人的な愛だけにとらわれない大きな愛を得たのです。

彼女が感じたような深い悲しみは、すべてのバリアを打ち砕き、永遠へと導いてこの大きな愛を経験させてくれるのです。まさにグレースからのすばらしい贈りものだと言えるでしょう。

私が話し終えると、いつもは物静かな音響担当の男性の顔が、体じゅうのエネルギーが湧き上がってきているかのように、真っ赤になっていました。

「愛がこんなに大きいなんて知らなかった。自分ではとてもかかえきれない気がして、今まで感じないようにしてきたんだ。痛い思いをして傷つくのはいやだと思っていたんだ。こんな激しい感情を感じることは、悪いことのような気がして……。実は、愛に傷つけられるのが怖くて、この部屋にいるみんなに対しても愛を控えてきたんです」

彼の中で、何かが爆発したように顔がますます真っ赤になり、涙があふれ出て、震えた声で「この愛はなんて大きいんだ。今まで自分がこんなに大きいとは知らなかった。今まで自分をできるだけ小さく押さえ込んできたんだ。こんなに大きいなんてまったく知らなかった。この愛は体が張り裂けるような愛なんだ」と彼が言いました。そして、頬に涙を伝わせながら「この愛を感じられて、本当に幸せだ」と言いました。

真の愛を経験するには、何千回もハートブレークを経験することになるでしょう。そしてその痛みをしっかり経験することで、愛そのものを知ることができるのです。この愛は特定の誰かに対する愛ではなく、人生のすべてに息づいている、どこまでも続く不変の愛です。この愛の中には平和と自由が共存していて、そこにあるすべては、そのままで「完全」なのです。

この愛こそが、あなたの本当の姿なのです。

すべてをゆだねるときがきたのです。愛から逃れることはできません。なぜなら私たちは、本当はもうすでに、この愛に抱きかかえられているからです。

愛が求めているものが、もう一つあります。それは、愛に対してだけでなく、自分に対してすべてを正直にさらけ出すことです。あなたが誇りに思えない部分や受け入れることができない部分、そういった、あなたがいつも避けている感情は、あなたの魂の影の部分であり、そこにこの愛の光が当たると、やがては愛しか残らなくなるのです。

私たちの中に潜むそんな部分は、まるで恥ずかしがり屋で自分は愛されていないと思い込んでいる子どものようです。でも、そんな部分を光の中に招き入れると、はじめて本当の自由を経験することができるのです。

限りないこの愛を経験するには、まず自己愛を知らなければなりません。そのためには、あなたのすべてを受け入れることです。あの、怖がっている子どもたちのような感情を自由にして受け入れることで、癒しが始まるのです。

癒しが起こるためには、すべてを受け入れる愛の光にあなたの感情をそのままさらけ出すことが必要です。この愛は、好き嫌いやえこひいきをすることなく、すべてを受け入れて愛してくれるのです。

最近開催されたリトリートの最後の朝に、ニュージーランド人のアリスターという男性が舞台に立ち、五〇歳のお祝いとして、みんなからの愛の贈りものを受け取ることになりました。彼の中にどんなすばらしさが見えるかを、みんながひと言ずつ述べて彼に贈り、彼はそれを、心を大きく開いて受け取ることになりました。「強さ」、「素直さ」、「やさしさ」、「叡智」などの声が部屋のあちらこちらから上がりました。「激しさ」、「親切」、「鋭い頭脳」、「平和」、と続きました。

ステージで彼の脇に座っていると、もう彼はこれ以上は受け取れないというところにきているのが感じられました。彼は体をすこし前かがみにして、愛の言葉がそのまま自分の中に入るのを避けているようでした。みんなが鏡となって映し出している彼自身の美しさを受け入れるのは、ちょっと難しそうです。彼は腕組みこそしていませんでしたが、やや体をこわばらせていて、それらの愛の言葉を全部受け入れたらコントロールを失うか壊れてしまうのではないかと恐れているようでした。

そこで彼に、「溺れてしまいなさい。この愛の大きな波を空想の盾で防ぐことなどできないのだから、すべてをゆだねて飲み込まれてしまいなさい」とささやくと、彼の中で「カチッ」という音とともに何かが壊れて心が大きく開き、彼を守ってきた鎧が崩れ落ちたようでした。そして涙が流れはじめたのです。

ようやく何のバリアもなくなり、部屋じゅうが愛の海になりました。彼は完全に自分をさらけ出して、みんなの前に座っていました。そして、みんなからの言葉を素直に受け取ることができたのです。

「愛の海」と誰かが言いました。「純粋さ」と他の誰かが言いました。「愛そのもの」と、私も静かに言いました。

このようにすべてをさらけ出すと、その瞬間に「愛そのもの」が姿を現すのです。

その後、それぞれの参加者がペアを組んでこの真実を体験してみることになりました。二人一組となって、部屋じゅうに散らばったみんなに対して、自分を守ってその光を隠している想像の鎧を取りはずし、すべてをさらけ出し、二人組の一人がまず「これからあなたのすべてを見せてくれることに、まずお礼を言わせてください。私もあなたと同じ感情の問題を抱えていると思います。あなたは私の鏡です。あなたとご一緒できることを幸せに思っています。あなたを通して自分の問題を見ることができるのは、本当に幸運です」と相手に伝えて、「どんな感情を自分自身から隠してきましたか？　恥じてきた感情や、感じたくないと思って避けてきた感情があるとしたら、それは何ですか？　恥じている秘密の恐れがあるとしたら、それは何ですか？　人に話すどころか、自分自身にすら認められなかった感情や、これまで決して口に出したことのない感情はなんですか？」とたずねるように指示をしました。

このように愛と思いやりをもって質問をして、パートナーが怖れたり隠してきた感情を歓迎し

て受け入れてそれをシェアしたら、そのたびに「あなたを許します。宇宙もあなたを許していま
す。ここにはグレースの許しがたくさんあります」と返事をし、「もう他にはありませんか？
他に恥じていることはありますか？　自分にすら認めることを恐れてきたものは何ですか？」と
たずねるように指示をしました。
それにもパートナーが答えたら、また「あなたを許します……」と同じ言葉を繰り返すように
お願いしました。
パートナーがすべてをさらけ出し、すべての許しを受け取って浄化されたと感じるまで、これ
を続けました。
その後でパートナーを交代して、同じことを繰り返しました。隠したり恥じてきた感情や、感
じることすら許さずに過ごしてきた感情をすべて言葉にして手放して、パートナーと宇宙からの
許しと受容を受け取るのです。
部屋の中には愛があふれていました。今まで隠されていた感情が光を浴びて消えていった後に
は、愛だけが残っていました。それをみんなが感じていました。
ゆだねないでしがみついていることが、あなたをグレースから遠ざけているのです。あなたが
ゆだねたものは、すべてグレースが愛に変えてくれるのです。
自己愛は、あなたを愛の海へと導きます。海に注ぎ込む川を流れる朽ちた古木は、最後には粉々

に砕けて海の一部となるのです。

プロセス⑧　誘い：愛

さて、あなたも同じように試してみてはいかがですか？　ここでは、隠れた感情を認めて、受け入れることの力を体験していただけたらと思います。もし先ほどのプロセスを誰かと一緒に行うことができるのなら、それが一番いい方法です。でも相手がいない場合には、自分一人で試してみることももちろん可能です。

自分で行う場合は、一五分から二〇分ぐらいのあいだ、一人になれる場所を選びましょう。CDを使うのもいいでしょう。いずれの場合も、何度か深呼吸をして、その緩やかな息に意識を向けて、ゆったりとリラックスしましょう。

意識を大きくゆったりと開いたら、過去に感情を閉じ込めてきた想像上の鎧をはずしてみましょう。心の目で鎧をはずすのを想像しながら、それがはずれるのを感じてみましょう。

今まで隠したり押しやったりしてきた感情、認められないでいた感情、秘密にしてきた恐れや恥をすべて明らかにすることができるように、心からの祈りか強い意図を、宇宙に示しましょう。

心を大きく開いて・・・世界がすっぽり入るほど大きく・・・その中に、恥ずかしがり屋の感情や臆病な感情や無価値感すらも、すべてをやさしく迎え入れてあげましょう。今まで隠してきたそれらの感情や秘密を言葉にして、あなたの部屋の中に迎え入れましょう。それをしっかりと聞いて、その感情を認めて解放してあげましょう。

たとえば、「私が恥じていることは……」、「今まで感じていても認めなかったことは……」、「いつもひそかに感じていたことは……」、「誰にも知られたくなかったことは……」というような感じではじめて、一つ一つそれを声に出して言いましょう。

そして一つ言い終わるたびに「でも私は私を許します。すべての許しがここにあります。人生も私を許してくれます」と続けましょう。

これを空っぽになるまで繰り返し、すべてがさらけ出され、きれいに洗い流されて深い平和を感じるまで、充分な時間をかけましょう。実際に声を出して言うことがとても大切です。言葉にして体の外に出してしまうのです。はじめは独りごとを言っているようで、居心地が悪いかもしれません。けれど、今まで言えなかったり受け入れられなかった秘密を、ついに口に出しまうということが、どれほど解放的なことか体験できるでしょう。声にすることではじめて、本当の解放が起こるのです。

このとき、一つ一つを手放すたびに、必ず許しの言葉を受け取りましょう。自らの許しと神からの許しと人生そのものからの許しを受け取ることで、あなたの心は安らぎでゆったりと開き、自由な愛の海そのものへと変わるのです。

この愛は、ただ正直にすべてをさらけ出すことを求めているのです。

この愛の空間は、どこまでも永遠に続いているだけでなく、すべての命の中に息づいています。その限りない抱擁は、宇宙を織りなす縦糸であり、小さな人間サイズに切り分けることはできないのです。

しばしば私たちは、この愛と、特定の誰かに対する個人的な愛を勘違いしてしまうことがあります。広々とした限りない愛の抱擁に身をゆだねるかわりに、愛を誰か一人の人間に絞りこんで個人的な所有物にし、その相手が自分に愛を感じさせてくれていると信じ込んでしまうことがあります。

特定の誰かが愛を感じる原因だと思い込むと、このグレースの愛からの別離が起こって、投影と執着を作り上げます。特定の誰かがこのすばらしい愛を感じさせてくれていると信じたとしたら、その人なしでは迷子のように孤独を感じ、常に何かが足りないと感じることになるでしょう。すると執着が生まれ、その感情と愛を混同して、誰かを必要とすることが愛だと勘違いしてしまうのです。

この大きな間違いは、私たちの人生の中で多くの苦しみを生んでいます。まるで砂で作られた偽りの愛のお城に、すべてのエネルギーを注ぎ込んでいるようなものです。砂のお城はどんなに上手に建てたとしても、いつか必ず崩れてしまいます。

あなたが本当に自分に正直になったとしたら、特定の相手への愛情は、自分で作り上げた一時的な理想の幻想だということを認めざるをえないでしょう。それを信じていたあいだだけ楽しみを与えてくれた、美しい砂の造形物でしかないのです。

あなたの愛と幸せが、自分以外の他の誰かによってもたらされると信じることは、海辺に作った砂のお城が、あなたの幸せな住まいだと信じているのと同じことです。砂のお城は、あなたの喜びの表現ではあってもその原因ではありません。砂のお城も、特定の誰かから感じる愛も、どちらにも実体や持続性はありません。

他の誰かが、あなたに愛を与えることはできないのです。愛はただ愛で、あなたが心を開いて人生に対してすべてをさらけ出すことによってのみ、経験することができるのです。

もちろん、あなたのまわりにいる人たちがこの愛に満たされていれば、そこに映し出された愛を見ることはできます。たとえば子猫や、生まれたばかりの赤ちゃんや、春が訪れて最初に咲いたクロッカスの花を見たりすると、愛がこみ上げてきます。けれど子猫や赤ちゃんやクロッカスの花が愛を感じさせてくれたのではなく、美に触れて開いたあなたの心の中をグレースが通り抜けるのを感じたのです。

心が開いて愛や崇敬がこみ上げてくると、その感情を維持しようと、私たちは自分の外にその理由や原因を見つけようとします。そして、その瞬間に視線を絞った対象物が、あのすばらしい感情の鍵を握っていると思い込み、もう一度あの感情を味わいたいという願いからそれを崇拝するようになるのです。まるで、キューピットの矢でハートを射られた直後に目に入った相手を、溺愛するのと同じです。この最初の勘違いによって、その「愛の対象」と、少しでも多くの時間を過ごしたいと願うようになるのです。そして、あの体験をまた味わいたいと思っても、なかなかそれが起こらないので、私たちは悲しみと孤独を感じ、どうすればよいか分からなくなってしまうのです。

特定の誰かが、あなたが感じたあのすばらしい感情の原因だという勘違いをしていると、もっと多くの期待を持つようになります。愛への執着が強まって、切望するようになります。あの感情を再現して、なんとかもう一度味わいたいと願うのです。永遠の愛を見失ってしまったために、空っぽで孤独な気持ちを感じ、執着ばかりになってしまうのです。どれほど長い時間をその人と一緒に過ごしたとしても、孤独感を拭い去ることはできません。私たちは本当は、すべてを抱擁してくれる「あの愛」を求めているのです。けれどいったん狭い愛の中に自分を閉じ込めてしまうと、まるで麻薬中毒患者のように決して満足することはできず、いつもそのことを考えないではいられなくなり、次にまた「クスリ」が手に入るのを待ちわびるようになります。愛を誰か一人に投影することで、グレースから切り離されて孤独感を味わい、その誰かに空白感を埋めてもらおうとして、必死になるというわけです。

でも結局は、その執着の強い力が、相手を逆に押しのけて遠ざけてしまいます。私たちの「内なる空間」を、他の誰かが埋められるはずはないのです。誰も私たちの愛に、責任を持つことはできないのです。それなのに、私たちは怒ったり責めたり、相手に失望したりするのです。

もう、おとぎ話のロマンスを信じるのは、終わりにしましょう。幻の砂のお城を取り壊すときです。自分が誰だか知らないふりをするのは、もうやめましょう。

いいですか、あなたを完結させる人間は、あなた以外にはいないのです。そしてあなたが求める愛を与えてくれる人間も、あなた以外にはいません。その愛は、愛の海として経験するものであり、限りない抱擁の中で誰かと喜びに満ちたダンスを踊ることはできますが、その誰かが愛の海そのものを与えてくれることはできないのです。

よく、ご夫婦が相手のことを「もう半分の私」と呼ぶことがあります。私はそれを聞くたびに、ちぢみあがる心地がします。他の誰があなたを「完全」にさせるというのでしょうか？　そしてそれは、自分は一人では何かが足りない半人前だという意味なのでしょうか？　もしあなたのニーズを相手が満たさなければならないのなら、それはなんと大きな負担でしょう。あなたの求めているものはその相手とは無関係なのに。

あの永遠の愛を見失って神から切り離されたと感じているとすれば、一生あなたを完結させてくれる誰かを探し求めることにもなりかねません。そしてその執着は、あなたが人生をともにしたいと望んでいる相手を、かえって遠ざけてしまうのです。

以前カップルへのカウンセリングをしていたころ、相手のニーズや依存に耐えられず嫌気がさしている人たちを多く見かけました。「どれほど言葉や行動で愛情を示しても、できる限りの時間を一緒に過ごしても、何をしても相手には足りないんです。底抜けの『内なる空間』を埋めることは、到底できません」と打ち明けられました。

ある男性は、まるで自分が妻の「内面の穴」を埋めるためのただの道具のような気がする、と愚痴をこぼしていました。愛と思いやりを与えていると彼女は思っていたのですが、彼には単なる要求としかとれなかったのです。彼女が自分を満たすために四六時中彼にかまってもらおうとするのが耐えられなくなっていたのです。彼女のニーズが実際には彼を遠くへ押しやって、結婚関係を危機にさらしていたのです。「本当に残念です。僕は今まで彼女をずっと愛してきたし、今でも愛しているのに、彼女のあのニーズが二人を遠ざけているんです」と彼は言いました。

彼女は彼から愛を受け取ろうとしただけでなく、存在感や価値感まで得ようとしていたために、それに嫌気がさした彼は心が離れてしまったのです。

このようにニーズと愛はまるで違うもので、ニーズには人を退ける力があるのです。

あなたの持っている人間関係の中で、愛よりもニーズにもとづいたものがありますか？　あなたの大切な人間関係を、一つ一つ思い浮かべてみましょう。そしてそれをチェックしてみましょう。自分に正直になってみれば、その誰かがあなたに愛を与えてくれていると思い込んでいるということに気づきませんか？　それとも、あなたが逆に愛を与えていると思っているところがあるのではありませんか？

もしあなたとその人のあいだに、不健康な「共依存」のきずながあるとしたら？　ここで試しに、あなたとその人をつなぐ、太いへその緒のようなエネルギーのひもを想像してみましょう。

あなたとその人をつなぐエネルギーのひもを想像できたら、次に、やさしい天使が聖なるハサミでそのつながりをそっと切ってくれるところを想像してみましょう。ひもが切れたら、その切り口からすべてを受け入れる大きな愛を流れ込ませて、あなたの大切なその人を満たしていくのを想像してみましょう。同じように、あなたの方の切り口にもすべてを受け入れる大きな愛を流れ込ませて、みるみるうちにその愛で満たされ、まわりじゅうに満ちあふれていくのを感じてみましょう。

もし共依存の中に引きこもらずに、どこまでも続く愛の中で軽やかに一緒に愛のダンスを踊ったとしたら？　相手があなたの人生を完結させるわけではないという理解のもとで、その相手と人生をともにする幸運を与えられたと考えたとしたら？　ただその人の存在にのみ幸せを感じて、お互いが幸せを感じるための道具に使われるのではないことへの幸運を感じたとしたら？　この大きな愛の中で自由を感じて、もっと深い愛を知るための道しるべに、その人がなっているという認識を持ったとしたら？　執着のない自由な関係の中で、お互いの存在を楽しみながら人生のダンスを踊ることを選んだとしたら？　そうであれば、人生をともに祝うパートナーを与えられたことを、幸運だと思うことができるでしょう。

この大きな愛に身をゆだねていたら、もし何かの事情でそのパートナーを失ったとしても、あなたの「完全さ」もその大きな愛も、まったく変わらないことに気づくでしょう。

すべての人間関係を、この壮大さの中で持つことができたら、どれほど喜びに満ちた幸運なものとなるでしょう。もし人生が、この軽快で自由な空間の中で起こったとしたら、どんなにすばらしいことでしょう。

まだ私が一二歳だったある静かな夏の日に、宗教と哲学の修士号を持つ祖母が、彼女のキッチンの片隅のテーブルでジャスミン茶を飲みながら、愛に関する哲学のおしゃべりをしてくれたことを思い出します。素直な子どもらしさで祖母のことを心から愛して尊敬していた私は、彼女の美しい真珠のような叡智を聞き漏らすまいと、ひと言ひと言に耳を傾けていました。

祖父母がまだ新婚だったころ、祖母が誰か他の男性を見ただけでも、祖父は大変なやきもちを焼いていたと話してくれました。祖母はそのころを思い出して表情を輝かせましたが、そこにはかすかな皮肉も見えました。彼女は、一九二〇年代のアメリカでは、かなり進んだ考えを持っていました。女性は大学に行くものではないとされていたそのころのアメリカで、修士号を得るということは大変異例なことだったのです。女性の参政権を得るために闘争的な手段も使うことでも知られたサフラジェットと呼ばれる活動にも参加していて、フラッパースタイルの大胆な服装をしたりブラを脱ぎ捨てたりした女性解放論者でもありました。スカートの丈を短くすることがすでに反抗的だと思われていた時代に、胸を巻き布で押さえつけてわざと平らに見せたりしたと話してくれました。

「伝統的な家で育ったあなたのおじいさんには、私がとても自由奔放に見えたと思うわ」と言いながら、自分が奔放だと思っていたそのころの祖母自身の純粋さを笑いました。「別に私たちはふしだらだったわけではないのよ。一緒に宣教師として中国に行く計画もしていたの。でもあなたのおじいさんが博士課程を終えるのを待っているあいだに、戦争が始まってしまったの。嫉妬の問題がひどくなったのは、私たちが結婚して二年ほど経ってからのことだったわ。あなたはもちろん、私がどれほどおじいさんを心から愛しているか知っているわよね？　私は彼にしか興味はないのよ」私はそれが真実だとよく知っていました。二人はおしどり夫婦で、八〇代の今でも深く愛し合っていたのです。「でもね」と祖母が続けました。

「私が友だちのご主人とちょっと話をしただけでも、おじいさんはとんでもなく怒り散らすようになってしまったの。そしてある夜、みんなでダンスに行った時に、ある友だちのご主人が私のダンスカードに名前を書き込んだら、おじいさんは収拾がつかないほど怒ってしまって、私を抱き上げて車に乗せて、沈黙の怒りの中で家に戻ってきて、家に入ると大声を張り上げて大爆発したのよ。

次の日に私は彼を座らせて、もし次に私をあんなふうに扱ったら、別れると言ったの。もちろんそんなことになったら、私の心が粉々になってしまうのは、あなたもよく知っているわよね。でも、私は彼の嫉妬に影響されるつもりはなかったの。嫉妬と愛はまったく無関係ですもの。するとおじいさんは、『自分は、質素な農家に生まれた男ばかり一二人の兄弟の一人で、はじめて君を見たときに、信じられないほど美しいと思った。そしてネブラスカ州の田舎町出身の自分がこんな素敵な女性に選ばれたのは、信じられないような幸運だと、今でも思っている』と告白してくれたの。そして、『自分がこんなふうに感じるのだから、他の男たちも君を見て同じ思いをしているに違いない』と言ったのよ」

祖父の、崇拝とも言えるような深い愛の告白を聞いて、とても心を打たれたと語った祖母は、その嫉妬の愚かさを笑いながらこう続けました。

「でも、私がそんな驚くほどの美人だったわけではないのよ。ただ彼は、私をバラ色の恋の色眼鏡を通して見ていただけなの。私たちはとっても愛し合っていた。お互いにひと目ぼれだったのよ。でもね、今でも心が躍るほどおじいさんを愛している私は、あのころももちろん、おじいさんをとても愛していたけれど、嫉妬で縛り付けられるのはいやだったの。それは愛じゃないでしょ？　それは要求、ニーズなのよ。愛とニーズはまるで違うものだわ」

そこで私は無邪気にたずねました。「じゃあ、その後、どうやってこれまで一緒にいることができたの？　おじいさんは嫉妬するのをやめたの？」

すると祖母はちょっと間をおいて、「ええ、そうなのよ、愛がそれを求めたの。『あなたの私への愛がそんなに大きいのなら、嫉妬としっかり向かい合って終止符を打ってほしい』と、おじいさんに頼んだの。それが唯一の条件だと、それをしてくれたら一緒にいると言ったの。彼は私が本気だということを、ちゃんと分かってくれたのよ。

そして、私にとっての愛の哲学を彼に説明したの。まず心の底から惜しみなく自由に愛すること。まるで、あなたを喜ばせようと飛んできた小さな小鳥が、そっと手のひらにとまっているように扱うこと。強く握り締めたら、窒息させて殺してしまうということ。

そして、愛は信頼を求めるということ。その小鳥を自由に空高く舞い上がらせなければいけないということ。もし小鳥が戻ってこなかったら、もともとあなたのものではなかったからだということ。でも戻ってきたら、あなたの手のひらが開いているあいだはいつまでもあなたのものだということ。だからね、ブランドン、あなたがはじめて恋に落ちたときには、この、手のひらを広げて愛するということを思い出してね」

あれから、彼女の言葉を忘れたことはありません。でも今の私なら、「もし小鳥が戻ってきても、それは私の所有物ではないの。ただその小鳥と一緒にいられることを、心から喜びましょうね」と最後を少し変えるでしょう。

愛を所有することはできないのです。愛に包まれてその中で安らぎを得たり、喜びと幸せを受け取ったりするだけです。その中で、人は訪れ、そして去って行くのです。

私の二二年間の結婚生活が終わったとき、その別離の過程のはじめから終わりまで、たとえ表面ではどんなことが起こっていても、そこには不変の愛があることがよく分かっていました。お互いが身をゆだねていたその大きな愛は、自由で、完璧で、夫婦のあいだの恋愛関係が去っても、いっさい変わることはありませんでした。

パートナーを深く愛しながら、愛の海の中で自由のダンスを一緒に踊るには、どうしたらよいのでしょうか。私自身、それを完全にマスターしているとは決して言えませんが、この愛そのものを深く愛するようになってからは、誰か一人だけを愛して狭く窮屈な愛の中に閉じ込こもりたいとは思えなくなりました。何もかも包み込む大きな海としてこの愛を経験したいといつも願っているからです。

現在のパートナーであるケビンにはじめて会ったとき、実は、私は恐れを感じました。私の人生を訪れたり去ったりするつかのまの愛のために、この大きな愛の海を犠牲にしたくなかったからです。

そんな私は、優柔不断でつかみどころがない人間だと、ケビンには思えたことでしょう。二人だけの親密な会話の中でも、私はこの大きな愛のことばかり話して、個人を対象にした恋愛に関しては話さなかったからです。

自分がケビンに魅力を感じていることに気付いたときには、とても用心深くなってしまいました。私の人生に舞い込んできた誰かに、この宇宙の愛とのつながりをこっそり盗まれたくなかったからです。

個人に対する愛が、聖なる愛の抱擁から私を引き戻すのではと恐れていたからです。でもこれは、私が持っていた愛に対する思考にすぎず、実際には根拠のない恐れでした。なぜなら、もともと、私からこの愛を盗み取ることは誰にもできないからです。この愛こそが私の本質であり、いつもここで輝いているからです。

ケビンとの恋愛の初期には、私は意識的にカリフォルニアに住んだままで、イギリスに住む彼と何千マイルも離れた長距離恋愛を選んでいました。こうすれば、一人の男性に対する愛が大きな真実の愛への邪魔をすることはなく、安全だと思っていたのです。

すでにどちらの愛が頼れる存在なのかよく分かっていましたし、この愛の海だけが永遠で不変だと思っていたからです。人生の中で、人は訪れまた去っていきますが、この愛は決して終わることはありません。私は、この個人的なロマンスが広々とした愛の抱擁の邪魔になるのかどうかを、まるでプールの水温を確かめるように少しずつ慎重に確かめていきました。はじめはつま先だけ、そして何週間かたった後でくるぶしまで、数カ月後にはひざまで、そして一年経ったころにはじめて全身で飛び込みました。

その「水温」を調べている一年のあいだ、私はいろいろな強い感情や感覚を知りました。切ないくらいひかれる気持ちや、彼を恋することで体の中を駆けめぐる化学物質の心地よさや、そして信じられないような幸運に対する深い感謝がどこからともなく訪れると、突然自分でも驚くような恥じらいや、傷つきやすさや、スリルや興奮が、まるでコントロールを失った電車のように私に押し寄せてきました。恋愛で感じる感情たちが勢ぞろいして、私の意識の中で盛大にダンスを踊っていましたが、あの大きな愛の抱擁は、まったく変わりがありませんでした。意識の中を通り抜けていく、自分を見失うような感情や、強烈で苦しい感情や、幸せで舞い上がるような美しい感情など、そのすべてを、この愛はまるで楽しんでさえいるようでした。そして愛の大空の広々とした様子は、どんなに大きな嵐が吹き荒れても、変わることはありませんでした。

私はあの一年間に、今までで一番人間らしい生の感情を無防備に感じることになりました。それでも、あの広い愛から切り離されることは決してなく、すべてはこの愛の中で起こっていたのです。

このテストを通り抜けたことで、何の躊躇《ちゅうちょ》もなく自由奔放に心の底から夢中になって誰かを愛しても安全なのだということと、私の本質そのものである愛がそれによって変わることはないのだということを知りました。

今でもケビンと私は、この愛の中で軽やかに、そして時には深く激しく、一緒にダンスを踊っています。そこには、深い理解や日々の感謝や、やさしさや思いやり、そして勘違いや言い争いすらあり、美しい肉体関係や激しい情熱、お互いへの大きなサポートがあります。それらすべてが、この大きな愛の抱擁の中で起こっているのです。

私たち二人は世界じゅうで何千という人たちが自由と癒しを体験できるように、そしてお互いの真実を生きるために、一緒にジャーニー・プログラムに関わっています。同じ将来への夢と構想を共有し、自由と奉仕のために愛の中で一緒に踊るパートナーであることを、とても幸福だと思っています。

それぞれのスケジュールのおかげで、何週間という単位で別々に過ごすことが頻繁にありますが、意識を広い視野に向けて過ごしているので、物理的な距離は問題ではありません。私たち二人が最も愛しているものは、真実だからです。私たちのあいだの愛はグレースから授かった贈りものであり、たとえどんなに離れていようが、この広い抱擁の中で一緒に踊っているのです。そして、愛は今も私たちに日々何かを教えてくれていて、私たち二人はいまだに初心者のような気がしています。

あなたが「真実」を人生で一番大切にすると、それ以外のものもすべてが恩寵を受けるのです。この大きな愛の中に深く入って行けば行くほど、私たちは自分自身と人生にますます正直になるでしょう。すべてを素直に表すと、その愛は私たちを真実の海に変えてくれるのです。

ときおり私の中で、彼に対する執着がわき上がることがあります。長いあいだ離れていると、愛するパートナーと再会したいという強い気持ちが、今でももちろん浮かんできます。その時には、執着のひもをきっぱりと切り離して大きな愛に身をゆだねます。私たちのあいだの愛をニーズで汚したくないからです。

久しぶりに再会すると、そこにはちょっとした恥じらいの気持ちが生まれることもあります。その時には、お互いにそれぞれの感情をしっかりシェアすることにしています。

愛はこれからも私たちにいろいろなことを教えてくれるでしょう。でも、その教えをすべて理解することはできないと思っています。愛の教えは、その抱擁と同様に終わることはありません。この愛に身をゆだねながら、ニーズや執着を持ち込まず、心から自分を愛せたらどんなにすばらしいでしょう。この愛は所有物ではないので、勝ち取ったり、独占したり、要求したりされたり、与えたりすることはできません。愛するということは、今この瞬間にその相手がいるかいないかに左右されるものではありません。愛するということは、今この瞬間にすべてをゆだねるということなのです。

「愛は愛」

まさにキリストが言ったように、「そして、その中で最高のものは愛」ということでしょう。あなたがここに生を受ける前からここに存在していて、あなたが体を離れた後も変わらずここに存在する、不変の愛です。

この愛こそ、永遠の伴侶を誓う価値がある相手なのです。

第八章

〈許し〉は自分自身への贈りもの

真の許しは、深い癒しと自由をもたらす、
自分自身への最高の贈りものです。
心からの許しが詰まった人生は、
グレースの美しさに満ちた人生です。

真の許しは、深い癒しと自由をもたらす、自分への最高の贈りものです。心からの許しが詰まった人生は、グレースの美しさに満ちた人生です。

ジャーニー社の取締役であるギャビーが、ある日穏やかな口調で「この本を完成するためには、許しに関して書かないとね」と言いました。私は一瞬彼女を見つめて「確かにそうよね」と言いました。「ありのままを受け入れて、はじめて心から許すことができる。そして、許すことで、自由になれるんですものね。ありのままを受け入れることと、許しを切り離すことはできないわね。その二つは最終的には、すべてのレベルでの平和と自由につながっているのだから」

私は、許しの持つはかりしれない力を実体験できたことを、いつも感謝しています。まさに許しこそが、私にできた巨大な腫瘍を癒した要因となり、その経験が、本やセミナーを通して世界各国で親しまれているジャーニーの基礎になったからです。ジャーニーは、過去の痛みを手放して無条件に心から許したいと願う純粋な気持ちから、生まれたのです（詳しくは前著『癒しへの旅』をお読みください）。

どれほど多くのジャーニーのプロセスをしても、いくら真剣に問題に向き合ってそれを取り除いても、多くの痛みや苦しみを手放しても、被害者意識の古い物語を明らかにしても、無言の妨害者を見つけ出しても、今まで演じてきた逃げの作戦を見抜いても、どれだけのエゴのゲームを見抜いたとしても、最終的には「許し」が起こらなければ問題を完了させることはできません。

そして、最も大切なのは、自分に対する許しであり、これは、肉体的な癒しや人間関係における癒しを含めたすべてのレベルでの癒しを可能にします。

癒しと許しは、同じものだと言っても過言ではないでしょう。

ある悟りを開いたマスターの著書に「すべての病の根元は、許しの欠如にある」と書かれていたのを思い出しますが、私なら「すべての癒しは、許しではじまる」と付け足すでしょう。あなたが一つ一つの瞬間をそのまま拒まずに受け入れたとしたら、人生をありのまま歓迎することができるでしょう。

許しは、自由へと私たちを導いてくれます。

それがどういうことか本当に知っていただくために、ちょっとここで試してみましょう。

あなたには、過去に後悔したり、恥じている行動や言動がありますか？　そして、実際の行動に移さなかったために、チャンスを逃してしまったことを、今でも後悔して自分を責めているところがありますか？

犯してしまった間違いや、深い責任を感じていることなど、どうしても自分を許せていないことがあるなら、それを思い浮かべて・・・その事実を認めて受け入れて・・・「私を許します」と声に出して言ってみましょう・・・そして同じ言葉を、心の中でもつぶやいてみましょう・・・

自分を許すと、どんな気持ちがするかをしっかり味わって、もう一度声に出して「私を許します」と言いましょう。

今、どんな気持ちがしていますか？　どんな経験だったでしょう？　今まで許せないでいたそのことを、手放すことができたでしょうか？　少しでも楽な気持ちになれたでしょうか？　そして、平和を感じることができたでしょうか？

私も今この文章を書きながら、試してみました。すると目に涙が浮かんできました。私にもまだまだ、自分を許す必要があるのです。おかげで少し楽になって、感謝と平和を感じることができました。

許しは、私たちにとって、一番大切な行為です。そして本当に限りない力を持っているのです。許すことによって、自分が変わるだけでなく、まわりの人たちにも変化が起こります。

すでにお話ししましたが、ジャーニーによる癒しは、この許しが基盤になっています。そして私の今までの経験では、許しを偽ることはできません。口先だけで許しても、何の意味もないのです。心の底から許すのでないかぎり、問題を解決することには決してつながりません。真の許しが起こるためには、心を開いてその中の痛みを見すえ、完全に手放す意志が必要です。

そして、そのような許しは、謙虚な心から生まれます。許すという行為そのものが、謙虚な行為だからでしょう。憤《いきどお》ることを当然と思わず、自分を正当化したり責任をなすり付け合うゲームをやめなければなりません。被害者意識を手放して、自分を守ろうとするのをやめて、悲しい思いや痛みも、素直に受け入れることが必要です。そして、勇気を持って「あなたを許します」と言うことができれば、その言葉を待っていたかのように、グレースが流れ込み、本当の癒しがはじまるのです。

グレースに導かれて、おなかにできた大きな腫瘍（バスケットボールほどの大きさがありました！）から自然に癒されるという経験の中で、私は、許しがどれほど大切かということを学びました。私がその腫瘍の診断を受けた当時のことですが、特に強い感情やトラウマ（精神的外傷）を感じると特定の化学物質が体内に注出され、その感情を抑えるとその物質を吸収した細胞のレセプター（受容体）が閉じてしまい、その結果、まわりの細胞との情報交換ができなくなり、将来その場所から疾患が起こることがある、という研究や実例を、仕事柄たくさん読んでいました。そしてもう一つ、治療薬や手術なしで細胞レベルの癒しが起こった人たちに共通しているのは、古い記憶を見つけ出し、それを手放したことで自然な癒しのプロセスが起こったことである、という研究結果にも注目していました。ですから私の腫瘍も、腫瘍の要因となった細胞の中の古い感情の記憶に向き合ってその意識を手放すことができれば、自然な治癒力が働くのではないかということは、うすうす気付いていました。

けれど、科学的な原則は理解されていても、実際に細胞の中の記憶を発見してクリアにする方法を発表している人は、当時まだ誰もいませんでした。たとえ原則や研究結果を知っていても、その現実的な応用方法を知らなければ、何の役にも立ちません。

私が腫瘍を自ら癒そうと決断して、三週間ほど経ったある日のことでした。代替医療の分野で私が知っていることはすべて試したのに、腫瘍はますます硬く大きくなっていました。自分のやり方がうまくいっていないことを認めないわけにはいかない時が来たと、ひしひしと感じていました。

細胞の中の古い記憶を見つけ出すことが、直接癒しにつながることは分かっていましたが、どこからはじめればよいのか、当時の私には見当すらつきませんでした。

すっかり気落ちしてマッサージ・セラピーを受けていた最中に、今まで身にまとっていた私の傲慢さの鎧に、ひびが入りました。その瞬間を、今でもはっきり覚えています。マッサージ台に横たわって、それまで二〇年間に得た代替医療の経験と専門知識のことをいろいろと考えていたのですが、それでも私は自分を治すことができないという、深い敗北感に打ちのめされていました。これ以上誰にどんな質問をすればいいのか、何を試せばいいのかすら、まったく分からなくなっていました。

私は何も知らないのだ、という思いで、私の中の何かが崩れていくように感じられました。無力感と絶望感に襲われて、あきらめの境地に達していました。もうすべてを受け入れて、現実に身をゆだねるしかありませんでした。すると、純粋なやさしさに包まれるのを感じました。そしてその抱擁に身をゆだねると、未知へと落下していきました。本当に、もう何も分からなくなっていました。それでもそれを素直に認めると、また私の中で変化が起こりました。何かにしがみ付くのをやめると、突然平和に包み込まれたのです。その平和の中に、まるで自分が溶け込んでしまったようでした。そこには内側も外側もなく、ただ平和と純粋な心があるだけでした。すると、その純粋さの中から、謙虚な祈りが生まれました。「どうぞこの腫瘍の中に秘められているものを、見つけ出せるように導いてください」と、その無心の祈りをつぶやき終わると、私は再び何の期待も執着もせずに、ただそこに横たわっていました。

突然、ある思い出が浮かんできました。するとすかさず私の傲慢さが姿を現して、「その思い出のはずはないわ。子ども時代の虐待の思い出は、もうすべて分かっているし、特にその思い出は、何度もしっかりと向き合って、今はもう解決しているじゃないの！」と頭の中で大声で叫んでいました。けれど、何でも知っていると思い込んでいる私の傲慢なマインドに、今は耳を傾けている時ではないと気づきました。そこで私は心を大きく開いて、その思い出を迎え入れ、しっかりと向き合って、すべての感情と痛みを手放すことにしました。新たな気持ちでその古い記憶を迎え入れ、もう一度あらためて痛みを手放してみると、過去に到達したことのある受容にたどり着きました。

そこで私は、その部屋の中の平和にたずねました。「これで完了でしょうか?」すると、「いいえ」という短く明確な答えが返ってきたのです。細胞の中の記憶を見つけはしましたが、それが本当に向き合うべき思い出なのかすら、分かりません。しかも過去に何度も扱ってきた記憶なので、これ以上何をすればよいのか、見当がつきませんでした。無力感と混乱と深い絶望感が襲ってきました。すると、また私の中であきらめが起こって、質問も答えも分からない、あの純粋な未知の中に落下してしまいました。

その純粋さの中に溶け込むと、また新しい祈りが生まれました。「どうか本当にこの出来事に終止符が打てるように、導いてください。どうしたら完了させることができるのか、私にはもう分かりません。これが正しい答えかどうかすら分からないし、もしそうだとしても、もう何年も前に到着した、同じ受容の場に達しただけです。どうぞ教えてください」

私は答えを期待していたわけではありませんでしたが、そこにあるのは静寂だけでした。そしてその静けさの中では、まるで時間が止まっているかのようでした。すると突然、ある言葉がその静けさの中に、浮かび上がってきました。それは「許し」という言葉でした。

もちろんまたすぐに私の傲慢さが口を開いて、「許し? そんなくだらないこと! ブランドン、もうあなたはこの問題をとっくの昔に受け入れたじゃないの。この問題に関しては、もう何もすることはないわよ。許すことでいったい何が変わるっていうの！」と言いました。

けれど私はこの否定的な考え方に耳を傾けている場合ではないと思い、許すことで失うものは何もないし、もしかしたら何かを得られるかもしれないと自分に言い聞かせて、そのアドバイスを試してみることにしました。

実際に許しのプロセスをしてみると、「受け入れること」と、「許し」には大きな違いがあることに気付きました。

私はもうすでに何年も、あの出来事を受け入れるプロセスを経験していたのですが、それは、自分が寛大で高潔な心の持ち主だという物語を、作り上げていただけなのです。あんな虐待を受け入れた私はどれほど慈悲深い人間なのかということを、アピールしていただけなのです。

なんと傲慢だったのでしょう！

そして、無条件に心の底からあの出来事を許すためには、自分は正しかったと主張するのをやめて、素直に心を開いて、三〇年間続けてきた責任転嫁のゲームを終わらせなければなりませんでした。

自分がどれほど寛大かというおごった自己認識や、ひどい目にあった可愛そうな私というあの物語への執着を、すべて手放さなければならなかったのです。それは、今までのプライドを捨てることでもあり、非常につらいことでした。けれど心の奥から完全に許すことで、あの被害者の物語とその意識を、とうとう手放すことができたのです。

この許しのプロセスの最中に、腫瘍が私にとりついているのではないということにも、気付きました。私が腫瘍にしがみ付いていたのです。それが分かった瞬間に、あの三〇年間にもわたって引きずってきた被害者物語に終止符が打たれ、心の底からの純粋な許しが生まれて、あのつらい記憶から自由になれたのです。

そしてそれから三週間半の後、薬も使わず手術もしなかったのに、あの大きな腫瘍が完全に直っているという診断を受けたのです。

このように私が身をもって体験した許しは、肉体や人間関係の癒しだけでなく、魂や国家までも癒す限りない力を持っています。許しは、あなた自身への最高の贈りものです。

よく、許すことは、相手のためにすることだという勘違いをしている人がいます。けれど実際は、許すことでそれまでしがみ付いてきた出来事や物語の意識を手放し、私たちが自由になるのです。

私の経験では、許しには三つの要素があります。まず第一に、その物語への執着を捨てて、自分の傲慢さを認めることが必要です。一人よがりな気持ちを捨てて、自分の方が正しいとか高いモラルを持っているといった、優越感を手放すことが必要です。

次は、鬱積している感情を、表現してあげなければなりません。自分に正直になり、傲慢さの陰に隠してきた本当の痛みを、しっかりと感じてそれを手放すことが必要です。ここでも、私たちがいかに寛大ですばらしい人間かという一人よがりや、傲慢さの鎧に守られている言葉や意識を解放して、その感情と痛みもきちんと感じることが必要です。

そして最後に、すべての痛みを表現して手放したら、素直な心で、その経験から何を学んだかを知ることが大切です。その出来事を相手がどのように経験したかを知れば、その人はその時点で、できる限りのことをしていたのだということが分かるでしょう。自分の痛みを手放すと、私たちの心の中には自然に思いやりが生まれ、相手の痛みが分かるようになるのです。

その理解と思いやりから、本当の許しが生まれるのです。許すことは当たり前で自然なことなんだと感じることができる、無条件の許しとなるでしょう。過去の感情を手放すと、その空いた空間をグレースが埋めてくれます。許しは、あなたを過去の痛みから完全に解放してくれます。傲慢さを捨て、古い痛みを手放して、自然な思いやりを感じることで起こる本当の許しは、あなたに自由を与えてくれるでしょう。

許しに関して、ここで特に強調しておきたいことがあります。過去何千というジャーニーのプロセスを目《ま》のあたりにした経験から言えることは、本当の癒しが起こるためには、鬱積した感情、痛みや悲しみや憎しみや、それは自分の責任ではないと思う気持ちすら、すべてを表現する必要があるということです。それをしないかぎり、過去の感情と意識は押し込まれたまま生き続けて、心からの許しは決して起こりません。

ジャーニーに出会ったばかりの人たちは、本当の問題や過去の痛みに直面せず、言いたかったことやその時の意識を言葉に出さないで避けて通っても、許しさえすればいいのではないかと思うようですが、グレースをごまかすことはできません。許しの言葉を言いさえすれば自動的に癒しが起こると考えて、本当の痛みを隠したまま「寛大でいい人」の役を演じようとすることがありますが、それは間違いです。

私はこれを、役に立たない「偽りの許し」と呼んでいます。

偽りの許しは、問題に目を向けずに覆いこんで見えないようにしているだけです。私が、生の痛みを手放してこそ真の許しが可能となると指摘すると、「でも私は、意地悪なことや人を傷つけるようなことは言いたくないんです。相手が今ここにいないことは分かっていますが、その人にネガティブな思いを送りたくないんです」というような返事が返ってきます。

それに対して私は、「この問題とそれにまつわる感情は、もうすでにあなたの中にしまいこまれているのですよ。たとえばここで小一時間かけて、謙虚で正直な心でまず閉じ込められた感情を認め、それを言葉で表現して手放すことで問題を終わらせてお互いが自由になるのと、その感情を隠したまま、少しずつそれを漏らして相手をチクチクと一生傷つけるのと、どちらがいいですか?」と質問しています。

いいですか、その痛みや苦しみや憎しみの言葉は、もうすでにあなたの中に存在しているのです。それを正直に認めて表現して終わらせるのと、あなたの中に閉じ込めて、その陰湿な破壊力を小出しにしながら暮らしていくのと、どちらがよいでしょう? もちろんその相手は、すでに言葉以外の方法であなたからのメッセージを感じていることは間違いありません。

本当の癒しを求めているのなら、今ここで正直に言うべきことを表現する方を選んでください。プロセスのあいだは、強い感情を感じたり、激しい言葉を口にすることになるかもしれませんが、その瞬間的な痛みは、本当の癒しにつながっていくのです。

許しがその力を発揮して癒しを起こすためには、自分に正直になることが求められます。

プロセス⑨　誘導内観:許しのプロセス

それでは、このプロセスで、ぜひ許しの力を経験していただきたいと思います。CDを使うか、自分で録音するか、誰かに文章を読んでもらって、このプロセスを試してみましょう。

まず落ち着ける場所にゆったりと座って、用意ができたら目を閉じましょう。

今、すべての意識をこの瞬間に向けてみましょう・・・部屋の中でしている音に耳を傾けながら・・・やさしく息を吸い込むとどんな感じがするでしょう・・・そして息を吐いて・・・ゆったりとリラックスしましょう。

あなたの心を大きく広げて・・・今までのあなたに起こったことで、傷つけられたと感じたことや、不公平に扱われたり、不本意に責任を負わされたことや、許しがたいと感じてきたすべての出来事を受け入れられるほど、大きく心を広げて・・・これまで人類のあいだで起こってきた許しがたい出来事すら、すべて包み込めるほどに・・・あなたの愛はそれほど大きいのです。

その愛の意識を目の前に広げて・・・後ろにも・・・まわりじゅうにも限りなく・・・すべてを受け入れる広々とした大空のように・・・そして、その空の中でゆったりとリラックスしてみましょう。

次は、この大空に、あなたが今まで受けた不公平な扱いや誤解、踏みにじられたり傷つけられたり裏切られたりした記憶、それらの出来事に関わる人々を招いてみましょう・・・今まで絶対に許せないと思ってきた出来事が、すべて明らかにされるように祈りながら・・・この大空にすべてを迎え入れましょう。

今度は、あなたの体に意識を向けてみましょう・・・硬くなっていたり、ストレスや痛みを感じているところがあるのなら・・・隠れようとしているところがあるのなら・・・それにも意識を向けて・・・あなたのゆったりと大きな愛で、その場所を包み込んでみましょう。

もしその感覚があなたに何かを話しかけているとしたら・・・何かを訴えているとしたら・・・それはどんな感情でしょう・・・それを心から歓迎して・・・たとえかすかなささやきでも・・・その感情をしっかり表現して・・・こんな気持ちが以前したのはいつだっただろう、と自分にたずねながら・・・あなたの意識の中に現れた過去の思い出や映像をやさしく迎え入れて・・・不公平に扱われたり、被害を受けたと感じたり、誰かに傷つけられたり批判されたりした出来事を迎え入れてみましょう。

さて、特定の記憶か一連の記憶がよみがえったら、美しく燃えるキャンプファイアーを想像してみましょう。このキャンプファイアーは無条件の愛と受容の炎で燃えています。

このキャンプファイアーに、その記憶の中のあなた（以後、「あの時のあなた」と呼びます）を招いてみましょう・・・さて、あの時のあなたが火のそばに来ましたか？

それでは、今のあなたとあの時のあなたを、キャンプファイアーのそばに座らせましょう・・・そして、メンターも招いてみましょう。メンターには、聖人や賢者や悟りを開いたマスターなど、あなたがその人の叡智を心から信頼できて、守られていると感じられる相手を選びましょう・・・さて、みんな揃いましたか？

そうしたら今度は、ひどい扱いや不公平な扱い、誤解を受けたそのつらい思い出に関わる人を、ここに招いてみましょう・・・誰が現れましたか？

（このプロセスは、一人で行っていても誰かに読んでもらっていても、今まで言えないでいた感情をこの場で正直に声に出すことが大切です。古い痛みを細胞から解放する、最高の機会です）

それでは、あの時のあなたに話をさせてあげましょう。あの時のあなたは、表現できなかった過去の痛みや怒りや悲しみをかかえています。あの時のあなたが心を開いてあの痛みを正直に語るとしたら、何と言うでしょう？　じっくりと時間をかけて、言うべきことをすべて言わせてあげましょう。キャンプファイヤーのまわりにいる人たちは、みんな愛と受容の炎に守られて座っています。そしてここでは、あの時のあなたの言葉をしっかりと聞くことができます。ここでは何を言っても安全なのだということを、よく覚えておきましょう。

さあ、あの時のあなたがあの過去の痛みから語るとしたら、何と言うでしょう？（ここで充分な時間をとってください）

次に、あの時点でその人（出来事の相手）はできる限りのことをしていたということを念頭に置きつつ、その人の中の深いところから返事をしてもらいましょう。さて、その人は何と言っていますか？（同じく充分な時間をとる）

あの時のあなたは、それに対して何と答えますか？（充分な時間をとる）

それをしっかりと聞いたその人が、エゴやマインドのレベルからでなく、もっと深いところから返事をするとしたら、何と返事をするでしょう？（充分な時間をとる）
あの時のあなたは、それに何と答えますか？（充分な時間をとる）
このように、お互いがすべてを言い尽くすまで、会話を続けましょう。（充分な時間をとる）
そして、会話が完了したら教えてください。（充分な時間をとる）
ではここで、あの時のあなたに代わって今のあなたが「今こそ言うべきこと」を言うとしたら、何と言いますか？（充分な時間をとる）
その人はそれに対して何と返事をしていますか？（充分な時間をとる）
あなたはそれに何と答えますか？（充分な時間をとる）
お互いにすべてを言い尽くしたら、そばで聞いていたメンターに、この出来事に関して何かアドバイスがあるかをたずねてみましょう。（充分な時間をとる）
次に、あの時のあなたを相手の体の中に入れてみて、あの時その人には何が起こっていたのか、本当はどんな気持ちでいたのかを感じ取ってみるのもよいでしょう。（充分な時間をとる）
自分のことをどう感じていたか・・・人生についてどう感じていたか・・・その人の中に深く入って感じてみましょう・・・あの時のその人は、本当はどんな気持ちをかかえて生きていたのでしょうか・・・自分のことや人生をどんなふうに思っていたのでしょうか・・・何をひそかに感じていたのでしょうか。

次に、その人のハートの真ん中に入ってみましょう・・・その人の中の最高の場所・・・自分を責めたり、嫌ったり、つらい思いばかりをしてきた結果、その人のハートは閉じてしまい、本人からも切り離されていたかもしれません・・・この最高の場所は、私たち一人ひとりの中に必ず存在していて、その中心には大きな愛や平和や自由があります・・・その人のそんなハートの真ん中に、そっと入ってみましょう。

さて、そこには何がありますか？（充分な時間をとる）

ハートの真ん中から、その人の目を通してあの時のあなたを眺め、その人はあの時のあなたのことを、魂のレベルではどう思っていたのか、しっかりと感じてみましょう。

その人はどんなふうに感じていたのでしょう？（充分な時間をとる）

あの行動は、あの時その人が経験していた痛みから生まれたものだと知ることができたでしょうか・・・そしてハートの真ん中では、あなたに大きな愛情や好意を感じていたということも、理解できたことでしょう。

それでは、その人の体の中からいったん外に出て、あの時のあなたに戻り、その胸を大きく開いて、その人からの一生分の愛と受容を受け取って、細胞の一つ一つを満たしましょう。痛みから生まれたその人の行動と、その人の愛を切り離しましょう。

それでは今、その人の魂が最後に何か言うとしたら、何と言っているでしょう？（充分な時間をとる）
あなたはそれに何と答えますか？（充分な時間をとる）
それに対して、その人は何と返事をしていますか？（充分な時間をとる）
お互いがすべてを言い尽くして、完全に理解し合えるまで、会話を続けましょう。（充分な時間をとる）
すべての感情を言い尽くして、その嵐がすっかりおさまったら、あの時のあなたにこうたずねましょう。
「どう考えても受け入れられないその人のあの行動を、許すわけでも、黙認するわけでもありませんが、あなたは心の底からその人の魂を完全に許してあげることができますか？」
この問いに対して、あの時のあなたが「はい」と答えたら、心の底からの許しを、声に出してその人に伝えてあげましょう。
そして、今のあなたにもたずねてみましょう。
「どう考えても受け入れられないその人のあの行動を、許すわけでも、黙認するわけでもありませんが、あなたは心の底からその人の魂を完全に許してあげることができますか？」
この問いに対して、今のあなたが「はい」と答えたら、心の底からの許しを、声に出してその人に伝えてあげましょう。

（もし今のあなたが「いいえ、許せません」と答えた場合は、まだ言い残していることがあることを意味しています。その言い切っていなかったことをすべて言葉にして言い尽くすことができたら、メンターに「完全に許すために、ここで起こるべきことは何ですか？」とたずねてみましょう。そしてこのキャンプファイアーの場で、メンターからのアドバイスを受け取って、その後でもう一度、許しの部分を繰り返しましょう）

もしあなた自身が許される必要があるのなら、その許しを受け取りましょう。（充分な時間をとる）

それでは、あなたの愛と許しとともに、出来事に関する人たちを、魂の源であるキャンプファイアーの炎の中に帰してあげましょう。全員が平和を見出せるように祈りを捧げながら、彼らが炎の中に消えていくのを見送りましょう。

そして最後に、あの時のあなたに向かって、こう言ってあげましょう。

「過去にあんなつらい思いをさせて、本当にごめんなさい。今の私が持っている多くの叡智を、あの時のあなたは持っていなかったから、あんなことが起こってしまったの。でもこれからは、私があなたをしっかりと愛して、守っていくので、もうあの過去の痛みを経験することは二度とないと約束します」

そしてあの時のあなたに、自己愛という名の風船を渡してあげましょう・・・その風船に詰まった自己愛をしっかりと吸い込んで・・・次には、そのままの自分を受け入れるための風船を渡して・・・それもしっかりと吸い込んで・・・そして体じゅうに満たして・・・今度は自分を許す風船・・・それもしっかりと吸い込んで・・・体じゅうに浸透させましょう。

そして、あの時のあなたを抱きしめて、あなたの中に統合して、これらの美しい内なる資質と叡智と許しとともに、あなたの中で成長させてあげましょう。あなたの体の中に、これらの美しい資質が息づいているのを感じられるでしょう。

それではキャンプファイアーを消しましょう。あなたとメンターの意識がますますゆったりと広がるのを感じながら・・・目の前に広々と・・・後ろにも自由に・・・まわりじゅうにも限りなく・・・足元にも深く・・・頭上にも空のように・・・そしてもう一度この大空のような広々とした意識の中で深く息をしてみましょう。

この許しと癒しがますます深まっていくことにあなたのすべての部分が同意して、それが統合されたら、あなたははじめて目をあけることができるでしょう。その統合が起こって準備ができたら、目をあけて、この部屋の中の許しの抱擁をしっかり感じましょう。この瞬間の新鮮さに身をゆだねてみましょう。

このプロセスを試してみて、どんな気持ちがしていますか？　あなたが正直に、言うべきことをすべてそのまま言えたなら、許しは簡単で、まるでそれ以外を選択する余地のない自然なことだと感じられたのではないでしょうか。

では、あなた自身をチェックしてみましょう。あなたの体もチェックしてみましょう。ゆったりと落ち着いて、軽やかで平和な気持ちがしていますか？

本当の許しが起こるとき、その変化は瞬間的で、疑いようもなく明らかです。

許しは、自分への最高の贈りものです。

このキャンプファイアーでの許しのプロセスを何回か行うと、人の過ちだけでなく自分の過ちに対して、真実を照らし出す光が向けられるようになります。

許しに関するワークをはじめたばかりの時には、自分以外の誰かを対象とした外向きなプロセスが大半になってしまいますが、それによって、私たちは誰かから受けたひどい扱いや、不利な目にあったり神に見捨てられたと思わされたりした出来事など、自分以外の誰かが原因と思っている外向きの痛みを手放していきます。それらをどんどんと手放していくと、人やまわりの環境のせいにできることが品切れになってきます。そしてようやく、自分がした行動や言動で恥じていることや、人を傷つけて後悔していることなどに、目を向けるようになります。キャンプファイアーを使ったプロセスは、強い感情を表現して、深い癒しが起こりえる、とても大切なものです。

私たちは普通、家族や愛する人たちに対するよりも、ずっと自分に厳しいものです。このキャンプファイアーでも、誰かを許すことは簡単にできても、いざ自分を許すとなると、残酷とも言えるほど厳しく、なかなか許せないという傾向があります。まるで自分自身を神の代わりに裁いているのではと思うほどです。けれど本当の癒しを得るためには、自分自身を許すことが不可欠なのです。

ぜひ、第三章の最後にある自分を許すキャンプファイアーでのプロセスを、何回でも実行されることをお勧めします。最高の癒しは、自分自身を許すことで起こります。あなた自身にそのすばらしい贈りものをあげましょう。

あなた自身を許すことができると、他の誰かを許すことも簡単になるでしょう。そうすれば、受容と自己愛の中で暮らすのが、まるで呼吸をするように自然なこととなるでしょう。

許すことを選んで過去を手放すと自由を手に入れることができるということを、ぜひ知っていただきたいという祈りを込めて、この章を書きました。許しは、人生のあらゆる面に変化をもたらす、すばらしい贈りものです。許すことはあなたの選択であって、他の誰かがしてくれることではありません。

自由と癒しは許しで始まり、それはあなた次第ということなのです。

ところで、実は私たちがまるで意識していないところでも、許しが求められていることがあります。それは、過去に声も出さずに立てた誓いで、たとえば誓いを立てたことすら忘れている「決して誰々を許さない」というような古い誓いのことです。

そういった期限切れの古い誓いが、今でも私たちの中で生き続けていることがよくあります。たとえば、子どものころに頭の中で「これからは絶対に誰々からのいじめは受けない」と叫んだり、「決して誰々には影響されない」と誓ったりしたかもしれません。あるいは「誰々には、二度と心を開かない」などという宣言をしたかもしれません。

特に、強い感情を感じている最中に立てた誓いは、私たちがすっかり忘れてしまった後ですら効力を失わずに破壊的な影響を与えている場合があります。そして大人になってからも、なぜ最愛のパートナーに心を開いたり深いつながりを感じることできないのか、理解に苦しんだりするのです。

心に壁があって、人生の喜びを味わうことができなかったり、心が閉ざされていて深い愛を感じることができなくなっているのです。それは、意識のどこかに生き続けている忘れられた古い誓いが、無意識のうちに働いているからなのです。

そんな誓いの中には「決して誰々を許さない」という思いが込められていることがよくあり、

大人になって心を開いて本当に深い愛情関係を持ちたいと思う時に、大きな障害になってしまうことがあります。そしてその愛情関係には、必ず自分自身との関係も含まれます。

そこで、この許しに関する章を、そんな不健全な誓いを見つけ出して手放すための内観で終えたいと思います。過去にどのような不健全な誓いが立てられていたかを発見して、それを今のあなたにふさわしい、もっと自由で健全な誓いに入れかえることで、無意識のレベルで起こっている許しの欠如から自分を自由にすることができるのです。

プロセス⑩　誘導内観：誓いの立て直し

CDを使うか、自分で録音するか、誰かに文章を読んでもらって、目を閉じてゆったりとリラックスして試してみましょう。

ゆったりと心地よく座って・・・準備ができたら目を閉じましょう・・・深く息を吸い込んで・・・ゆっくりと吐いて・・・もう一度ゆったりと息を吸い込んで・・・ゆっくり吐いて・・・リラックスしながらやさしく心を開いてみましょう。

もっともっとリラックスしながら・・・目の前に下向きの階段があるのを想像してみましょう・・・

この美しく輝く階段は、五段あります・・・この階段は、あなたの奥深いところで輝く光へ・・・あなたの本質へと連れていってくれる魔法の階段です・・・さて、それでは一番上の段、五段目に立ってみましょう。

ただリラックスして階段を一段一段おりるだけで自然にあなたの本質へ入っていけるとあなたはすでに知っています・・・四段目・・・三段目・・・二段目・・・そして最後の一段目へ降りる前に・・・あなたの意識が目の前にゆったりと広がって・・・後ろにも・・・両側にも限りなく自然に・・・頭上にも広々と・・・足元にも海のように深く広く・・・深い意識の真ん中へと足を踏み入れて・・・そして今、一段目・・・この広々とした意識の中で、しばし休んでみましょう。

気がつくとあなたの脇にはドアがあって、その向こう側にはあなたの魂のまぶしい光が輝いています・・・そしてメンターも待っています・・・心から信頼できる叡智をもった神聖な存在です・・・さて、用意ができたらそのドアを通って光の中に入り・・・メンターにあいさつをして・・・役に立たなくなった古い誓いを立て直す手伝いにきてくれたその人に対して、お礼を言いましょう。

もういちど脇を見ると、そこには魔法のシャトル（乗り物）が待っています・・・あなたがその古い誓いを立てた場所に連れて行ってくれるタイムマシンです・・・その誓いは今のあなたには不適切で、すでに支えにならなくなった古い誓いです・・・それではメンターと一緒にタイムマシンに乗り込んで席に座り、シートベルトを締めましょう・・・目の前のダッシュボードを見ると、そこには「古い誓い」と書かれた青いボタンが見えます・・・このボタンを押すと、タイムマシンは過去へ向けてすばやく安全に時間をさかのぼり・・・その古い誓いが立てられた場所へ連れて行ってくれるのです・・・それでは、あなたかメンターがその青いボタンを押して・・・すでにどこに行くべきかを知っているシャトルに行き先をまかせて・・・そして到着したら、シャトルをゆっくりと止めて、安全に到着したことを私に教えてください。(充分な時間をとる)

では、シートベルトをはずして、メンターと一緒にシャトルの外に出て、あの古い誓いが立てられた場面に歩いていきましょう・・・もし必要だと思うなら、守護天使にも一緒に来てもらいましょう。

さて、そこには他に誰がいるでしょう・・・この場面の明るさや鮮明さを一番見やすいように調節して・・・他には誰がいますか？(充分な時間をとって答えを得る)・・・いいですよ・・・ありがとう・・・それではここでキャンプファイアーを想像してみましょう・・・この焚き火は無条件の愛の炎で燃えています・・・それは命そのものです・・・このキャンプファイアーに、神か宇宙か永遠の存在を招いてみましょう・・・そして誓いを立てたあの時のあなた自身かメンターに、その時どのような誓いが立てられたのかを、たずねてみましょう・・・今の人生において不適切で役に立たなくなった古い誓いとは、どんな誓いだったのでしょう？

神か宇宙か永遠の存在は、なぜあの時あなたがこのような誓いを立てたか、完全に理解しています・・・そしてこの古い誓いをこのままにしておくのは不適切だということも、よく知っています・・・この古い誓いを解いて、取り除いてもらうよう、頼みましょう・・・そして健全な新しい誓いに入れかえることに祝福を受けたら教えてください・・・(充分な時間をとる)・・・どんな古い誓いが立てられていましたか？　どんな言葉や言い回しがされていたか正確に教えてくださいい・・・とてもいいですよ、ありがとう。

キャンプファイアーのまわりにいる人、あるいは複数の人たちに、どのような誓いが以前その場で立てられたか、そしてその古い誓いが、なぜ今は不適切かを伝えましょう・・・(充分な時間をとる)・・・この古い誓いを手放して、新しい健全な誓いにかえると彼らに伝えましょう・・・(充分な時間をとる)・・・すばらしいですよ。

さて、この古い誓いを立てたきっかけとなった人／人たちを許してあげましょう・・・そして許しが必要なすべてに、神か宇宙か永遠の存在からの許しを受け取り・・・あなた自身もキャンプファイアーのまわりにいる人／人たちから許しを受け取り・・・それが完了したら教えてください・・・(充分な時間をとる)・・・いいですよ。

そしてメンターに、古い誓いをすべての細胞からきれいに掃除してもらいましょう・・・ほうきで掃いたり、水洗いをしたり、掃除機で吸い出したり、ひとかけらも残さず細胞の隅々までききれいに掃除して・・・すべての細胞、分子、分子と分子のあいだの空間からも、その古い誓いとその意識を一掃して・・・まだ引っかかっていたり、暗い隅っこや秘密の隠れ場所の中にあるものまで、すっかりきれいに掃除して・・・それが完了したら教えてください・・・(充分な時間をとる)・・・すばらしいですね。

次はメンターに頼んで、あなたとキャンプファイアーにいる人/人たちとのエネルギーのコードを切ってもらい・・・それぞれの切り口から愛と光を送り込んで・・・自由になったその人/人たちの顔を見てみましょう・・・その古い誓いから解放されて感謝している表情をしっかりと眺めてみましょう・・・美しいですね。

そしてまたメンターに頼んで、今のあなたにふさわしい健全で新しい誓いを立てるのを手伝ってもらいましょう・・・それは肯定的に表現された誓いで・・・あなたの可能性をフルに発揮させ・・・オープンで健康的で充実感と自由に満ちた誓い・・・あなたらしく自由に生きて・・・空高く舞い上がるための誓い…さて、用意ができたらその新しい誓いを私に教えてください…(必要に応じて適切なサポートをしながら、新しい誓いを作る)・・・とてもすばらしい誓いですね・・・ありがとう・・・それではメンターにこの新しい誓いを、あなたの細胞の一つ一つに埋め込んでもらいましょう・・・あなたをフルにサポートしてくれる新しい誓いを体じゅうの微粒子にまで浸透させて、あなたの一部として・・・新しい命を吹き込んで・・・エネルギーに満ちて・・・平和と達成感を感じながら・・・(充分な時間をとる)・・・それがすべて完全に完了したら教えてください・・・(充分な時間をとる)・・・すばらしいですよ。

時が経つとともにこの新しい誓いはますます強まり、あなたを支えてくれると知りつつ・・・自然に癒されて・・・最善のかたちへと導いてくれることを知りつつ・・・ここにいる人／人たちに祝福を送り、ここにきてくれたことへの感謝とともに、生命の源であるキャンプファイアーの炎の中に返してあげましょう・・・ここに残るのは今のあなたと、あの時のあなたと、メンターのみです・・・あの時のあなたを抱きしめてあなたの中に統合して・・・あの時のあなたをこの新しい誓いとともにゆっくりと成長させながら・・・古い意識と新しい意識がまざり合って変わっていくのを感じつつ・・・今この瞬間に、戻ってきましょう・・・そしてそれが完全に完了したら教えてください・・・(充分な時間をとる)・・・いいですよ。

さて、それではメンターにここで習うべきことが他にまだあるかをたずねてみましょう・・・新しく明らかにされた叡智や認識がもしあるのなら、それを受け取りましょう・・・(充分な時間をとる)・・・いいですよ。

それが完了したら、メンターと共にシャトルに乗り込み・・・出発点のドアのところへ戻りましょう・・・到着したらシャトルから降りて、人生を変える癒しと解放のプロセスのサポートをしてくれたことに心からの深い感謝を伝えましょう・・・(充分な時間をとる)・・・そしてドアを通り抜けて最初におりてきた階段のところへ戻りましょう。

では、今度は階段を一段ずつのぼって・・・一段目・・・現在へ向けて・・・二段目・・・すっきりとリフレッシュしてまるで生まれ変わったように・・・三段目・・・手足を伸ばして体を感じて・・・四段目・・・今ここで、明日のあなたを感じてみましょう・・・健全であなたをフルに支えてくれる新しい誓いがすでに自分の一部となっている明日のあなたを感じてみましょう・・・そして、一週間後のあなた・・・一週間後の新しいあなたは何を見たり聞いたり感じたりしているのでしょう・・・どんな新しいコミュニケーションをとり、まわりの人たちや自分自身との関係を作っているでしょうか・・・すばらしいですね・・・そして一カ月後のあなた・・・今から一カ月後のあなたが、すっかり新しい意識で満たされているのを感じてみましょう・・・自由で新しいあなたは、どんな感じがしますか・・・古い誓いの束縛から解放されて癒された自分らしいあなた・・・すばらしいですね・・・さて今度は六カ月後のあなた・・・あなたの人生はどのように変わっているか、しっかりと感じてみましょう・・・あの古びた誓いから自由になってすでに六カ月過ごしてきたあなた・・・新しい健全な誓いに、もうすでに六カ月間支えられてきたあなた・・・自由な空に舞い上がるのはどんな気持ちでしょう・・・とてもすばらしいですね。

時間はただの概念にすぎないと知っているあなた・・・そして意識の中に現れるものはすでに存在しているということも知っているあなた・・・未来のあなたの新しい意識をここでしっかり

と感じて・・・この階段の四段目で・・・あなたが特に意識をしなくても、癒しと解放と自由は時間が経つにつれてますます自然にかつ完璧に深まり、あなたの中に統合されていくということをすべての部分が同意したら、五段目に上がりましょう・・・五段目・・・そして準備ができたら、目をあけましょう。

おめでとう！
すばらしい誓いを得た、新しいあなたを祝いましょう！

第九章

〈悟り〉とは何でしょう

あなたが探し求めてきた悟りは、
いつもあなたをやさしく腕に抱いています。
そしてあなたは、悟りに染まって輝いているのです。
悟りとは何かというすべての概念が崩れ去ったあとで、
そこに残る純粋な意識が悟りです。
あなたは悟りそのものなのです。

この本を書いているあいだずっと、この章を書かなければならないと思っていました。でも、その認識が強まるにつれて、書きはじめるのがますますおっくうに感じられました。それは「悟り」という言葉が口にされると、とたんにあちこちで論争が起こり、いろいろな意見が乱れ飛ぶのを知っているからです。

悟りを得たい、経験したいと願っている人たちはこの世に大勢いますが、それが何かということすら理解されていないのが現実です。私たち一人ひとりが、悟りに関するそれぞれ違った認識や固定観念を持っています。あまりにも多くの考え方や概念があり、想像しただけでも気が遠くなりますが、それでもぜひこの最後の章に、「悟り」を迎え入れたいと思います。

悟りという言葉を聞くだけで、いろいろなイメージが浮かんできます。たとえば、世俗から完全に切り離されたオレンジ色の法衣をまとった僧侶が、満ちたりた表情を浮かべてハスの花の上で座禅を組んでいる姿を想像する人たちもいるでしょう。そこには、悟りを開いた人間は常に平和と幸福の中にいて、その美しい静けさが世俗的な感情で乱されるようなことは決してない、という、間違った思い込みがあるようです。

もちろん悟りを開いたマスターに実際に出会ったことがなければ、彼らがどんな姿をしているか知らないのは当たり前です。それでもなお、悟りを開けばすべての苦しみに終止符が打たれ、批判的な気持ちなどは持たなくなると信じている人たちが大勢いるのです。いったん悟りを開けば、悟りのイメージに相反するような考え方や行動はしなくなるものだと考えているからです。

たとえば、以下のような悟りのイメージを持っている人たちがいます。

悟りとは、社会のルールにしばられることなく完全な自由を得て、すべての生きものを愛して、恐れにもとづく否定的な考え方や行動とは関わりのない生き方をすることだと信じている人たちがいます。

あるドラマチックな出来事や特別な修行によってこの世の幻を見抜いて、己のエゴを撲滅することで悟りを開き、その後一生その意識の中で暮らすことだと考えている人たちもいます。まるで、あるスピリチュアルな大爆発が起こり、その威力で吹き飛ばされて突然最終目的地である悟りに到着するというような考えです。

悟りというものは、ごくまれにしか起こらないことで、儀式やマントラや聖典を学び、ヨガの修行や体と心を清める儀式を重ねた末に、少数の行者だけが得られるものだと信じて、普通の暮らしをしている人間にはまず得られるはずがないものだと考えている人たちも大勢いるようです。

悟りを得た人間は、人類の日々の苦しみとは何の関わりも持たなくなると考えている人たちもいます。この考え方によると、悟りを開いたマスターたちはすべてを超越していて、感情もいっさい持たない、きわめて非人間的な存在ということになります。

貧困と禁欲生活の中で善行を積んで、まわりの人たちの気付きのために奉仕の人生を送ることが、悟りを開いた人間の生き方だと考えている人たちもいます。

悟りを得ることにより、たとえば読心力や予言力や幽体離脱や、その他の超人的な能力が備わると思っている人たちもいるようです。あるいは、不老不死を手に入れることだと考えている人たちもいます。

これらの中に、あなたが持っている悟りの像に近いものがあったでしょうか？　他にもたくさんの考え方がありますが、「何か特別なことを成し遂げたときにだけ達成できるおよそ手の届かない存在」というのが一般的な考え方と言えるでしょう。

プロセス⑪　誘導内観：悟り

悟りとは実際どんなものだと考えていますか？

今あなたが持っている悟りに関する考えや、過去に持っていた考えを紙に書き出してみましょう。そしてそれが実際に得られる可能性はどのくらいあるかも書いてみましょう。

書き終わったら、「これらのイメージがすべて嘘だとしたら？　まったくのでたらめだとしたら？」と自分にたずねてみましょう。

これらはただのイメージや概念で、あなたがいつかそうなりたいと考えている理想像にすぎないとしたら？　美しい聖なる永遠への思いから生まれたファンタジーだとしたら？　今まであなたが抱いてきた悟りに対する思いは、すべて夢でしかないとしたら？　そして、頭の中で作り上げた概念やイメージこそが、ここにいつも存在している「悟り」を経験する邪魔をしているとしたら？

また、悟りとは、探し求めて得たり開いたりするものではないとしたら？　理想郷やニルバーナ（悟りの境地）や極楽を外に探し求め続けることで、かえって、すでに悟りの意識の海の中にいることに、気付けないのだとしたら？

あなたが悟りを得るためにできることやするべきことは、本当は何もないとしたら？　そして、悟りとは一生懸命に努力を重ねて手に入れるものではなく、自然なありのままの姿でいるときにだけ得られるものだとしたら？

ここでちょっと次のワークを行ってみましょう。悟りに関するすべてのアイディアやイメージに大きな赤い×印をつけてみましょう。もちろん先ほどの紙に大きな赤い×をつければ、なおさらいいでしょう。あるいは、頭の中で大きな赤い×が付いているのを想像してみましょう。そしてすべての概念やイメージを大きな袋の中に詰め込んで火をつけ、袋ごとすべてが燃えてしまうところを想像してみましょう。先ほどの紙を本当に燃やすか、小さくちぎってゴミ箱に捨ててしまってもいいでしょう。

悟りに関するすべての概念が消え去り、マインドトークが止まり、頭の中が静かになって今までの理想や空想が崩れ落ちたとき、今ここに残っているものは何でしょう？

その静けさの中にあるものを、ほんの一時でもいいから、しっかり感じてみましょう。ただ静かに止まって・・・いつも忙しく働いている思考から自由になるのは、どんな経験でしょう・・・動かず・・・深く息をしながら・・・なにも考えないでいる、そんな瞬間・・・すべての思考がなくなったら、そこには何があるでしょう・・・思考が訪れてそして去っていった後には、何が残っているでしょう・・・そこには何がありますか・・・この広々とした意識は、思考が通り抜けたことで何か影響を受けたでしょうか・・・それとも「完全」で自由なままでしょうか？

さあ、試してみましょう。すべての思考を自然に迎え入れて、それが自然に消え去った後には、何が残っているでしょう？

子どものような純粋な心で・・・この瞬間・・・ゆったりと息をして・・・静かに動かないでいたら・・・鮮明で明瞭な自由、広々とした空間、純粋な存在のみを経験することができるでしょう・・・それが悟りの意識なのです。

悟りとは、すべての思考や構想やイメージが取り除かれた後に残った、純粋な意識のことです。

それは思考が通り抜けていく広々とした空間として姿を現します。マントラを唱えたり、修行を積んだり、苦行を達成したりする必要はないのです。なぜなら、悟りの意識はあなたの自然な姿であり、あなたはすでに「完全」な存在であるため、あらためて何かを得る必要などないのです。実際のところ、それを手に入れようとする頑張りこそが、逆に純粋な経験からあなたを遠ざけているのです。

ただ止まって、息をして、心を開いて、すべての思考を歓迎して迎え入れる。そうやって現われた思考は、自然にリラックスすることができるのです。思考が勝手に現れて、そして勝手に消え去るあいだも、あなたはこの広々とした意識に身をゆだねていれば、それでいいのです。

大きな空っぽの空間が、思考をただ迎え入れるのです。どんな構想や確信やマインドトークやイメージも、あなたが頭の中で作り上げたものであって、それらは単に意識の中を通り過ぎていく言葉や映像にすぎません。

あなたは、すべてが通り過ぎていく空間です。その通り過ぎていく考えが、正しいのか間違っているのかすら関係ありません。意識の中を通り抜けていく、単なる音節でしかないのです。

悟りはいつでも体験することができるのです。それは、あなたが悟りそのものだからです。すでにここにあるものを探し求めることがどれほど不必要で無意味なことかを私に教えてくれた、美しい物語があります。師から弟子へと語り継がれてきたこの古い物語は私たちに、何かを探し求めるのをやめて今に生きるようにと、語りかけてきます。

それでは、ゆったりとリラックスして、心を開いてこの物語を読んでみましょう。あなたはいつもグレースの海にかかえられているのだということを、思い出させてくれるでしょう。

とある海の片隅に、まだとても若い波が暮らしていました。元気で陽気なこの波は、ぶくぶく泡をたてて輪を描いて踊るのが大好きでした。波に生まれてきたことがうれしくて、毎日楽しく遊んで暮らしていました。

ある日、特にいたずらっぽく輪を描きながら遊んでいると、どこか深いところから、かすかな音が聞こえてきました。そしてその音は〈海〉と言っているように聞こえました。

その深く響く音を聞いた若い波の中には、その意味をぜひ知りたいという、強い願いがわき起こっていました。その神秘的な響きのことを、考えずにはいられませんでした。

その神秘を理解したいという望みは、日々強まっていきました。そこで、ある日通りかかったイルカに聞いてみることにしました。「イルカさん、あなたはとても利口だときいています。実は『海』という言葉を聞いたんですけれど、僕はそれがどういう意味か、どこにあるかも知りません。どうか僕に教えてください」

そのイルカは、「それは長年みんなが答えを知りたがってきた問題で、いろいろな説があるんだよ」と教えてくれました。そして、「その意味を理解しようと、とても賢いイルカの学者グループが定期的に集まっているけれど、まだまだ仮説の段階で、だれも真実を発見していないんだよ」と言いました。

イルカは若い波の幸運を祈りつつ、「もしかしたら、君がはじめてこの偉大な神秘を明かすことになるかもしれないよ。頑張って！」と言い残して波間に消えていきました。

イルカが去って少しすると、賢いウミガメの長老が海流に乗ってやってきました。そこで若い波は歳を重ねてたくさんの叡智を蓄えたこのウミガメなら、答えを知っているだろうと、たずねてみることにしました。

「ウミガメさん、私のような若くて経験もない波とはちがって、あなたは長い年月にたくさんの旅をしてきたことでしょう。『海』って何だか知っていますか？　僕はどこか深いところからその言葉が浮かび上がってくるたびに、何ともいえない気持ちになるんです。ぜひこの『海』を経験して理解したいんです。賢いウミガメさん、どうか教えてください」

ウミガメは静かにその情熱的な若い波の訴えに耳を傾けると、ゆっくりとした低い声でこう答えました。「それは私も長年悩み続けてきた問題なんだよ。この世の神秘とでも言うんだろうか。その性質についていろいろ複雑な説もあるけれど、私は見たこともないんで、本当のところは分からないね。私と同様、君もこれからその答えを一生探し求めて生きていくことになると思うよ」

ウミガメはこう言ったあとで、「幸運を祈っているよ。君はこれからまだまだ長い一生があるんだから、頑張ってごらん。運良くいつか『海』を経験することになるかもしれないよ」と励ましてくれました。

若い波は悲しくなってしまいました。海の探求はなかなか思うようにはいきません。答えを教えてくれる誰かに出会うことすら、無理なのかもしれません。

次の日、若い波は巨大な波に出会いました。このおじいさんの波なら答えを知っているに違いないと、喜びいさんで「大きな波さん、あなたは長いあいだ生きてきて、私よりずっと賢いでしょう。僕はどこか深いところから聞こえてくる『海』という言葉のとりこになってしまったんです。でもそれがなんだか分かりません。その秘密をどうしても知りたいんです。どこに行ったら答えを見つけられるでしょう？」とたずねました。

巨大な波は深いため息をついて、「おチビさん、それは本当に賢いものだけが答えを探し求めている質問なんだよ。海の神秘をぜひ知りたいという深い願いを、もう持っているなんて、君はたいした若者だ。ぜひ力になってあげたいが、実は私も同じ質問の答えを探し求めてずっと旅をしているんだよ。そしてその答えは、いまだに分からないんだよ」と言いました。

「複雑な定義や推測を使って説明しようという試みが、今までたくさんなされてきた。でもみんなが同意していることは、その真実を知るのはほぼ不可能だということだけだ。私自身、一度も経験したことはないんだよ。本当に存在するかどうかすら分からないんだ」

それを聞いてすっかり失望してしまった小さな波を見て、巨大な波が言いました。「おチビさん、良かったらついておいで。私と一緒に探してみよう。いつか秘密が分かるかもしれないよ。私は歳を重ねてとても大きくなったけれど、逆にシンプルにもなってきたんだ。難しくて複雑な定義には、もう興味はないんだよ。それに、海がすぐそばに存在しているという気がしてならないんだ。一緒に冒険をしてみよう」

そして元気な若い波は、巨大な賢い波と共に旅をしながら、どんどん力強い大きな波に成長していきました。

何千キロも旅をしたころには、若い波も巨大な波も、この冒険の流れがますます速まってくるのを、どこかで感じていました。そして、そのまるで引力のような神秘的な力に、ただ身をゆだねることにしました。

すると、旅の途中で魚たちから聞いた、あるものが見えてきました。「見てごらん。あれが、魚たちが噂していた『岸』というもので、その先がおそらく『大地』に違いない。生きているあいだにこれらが見られるとは、思ってもいなかったよ！」と巨大な波が興奮ぎみに言いました。

二人の中の不思議な力はますます速度を増して、どんどん海岸へと引き寄せられていきました。そしてものすごい加速力とともに、突然海岸にぶつかってしまいました。そのまま、すべてが泡と水しぶきになって、二人とも海の中に同化していきました。その瞬間、自分たちが海そのものだったということと、自分の本質が海だということがやっと分かったのです。自分たちが巨大な「海」そのものだと知らずに、表面にある「波」だと信じて過ごしてきたことに気付いたのです。

お分かりいただけたでしょうか。あなたこそ海そのもので、探し求めてきた悟りなのです。探し求めるのはもうやめて、この永遠の存在であるあなたに戻りましょう。そして思考には好きにダンスを踊らせましょう。海面を踊る波が海から生まれては消えていくのと同様に、思考もあなたという海から生まれては消えていきます。思考が海面で踊っているにすぎない人生のドラマの影響を、海そのものは受けません。この悟りの海であるあなたの本質は、変わることはありません。

あの若い波のように、悟りを探し求めている探求者が世界じゅうに大勢います。私も若いころには、神と交わって悟りの経験をしたいと深く願い、多くの先生やマスターやヨガの指導者や修道院やアシュラムを訪ね歩きました。いろいろな精神的伝統を学んだり経験したりして、重要だと言われている書物を読みあさり、苦行や断食、マントラの習得なども試みました。それらはすべて、永遠の悟りの中で過ごしたいという渇望を満たすためのものでした。

悟りというものは、いろいろな概念を学んで、終わりのない修行に百パーセントすべてを捧げていなければ得られないのだと信じ込んでいました。悟りを開いたマスターを何人も訪ねてその足元に座り、彼らの輝く光の中に身を置くことで、たしかに自由や至福も経験しました。それでも私は探し続けることをやめませんでした。

マスターたちの輝く存在の中に身を置いてその愛に触れていても、悟りを自分のものにしたいという渇望が絶えることはありませんでした。その燃える思いに自分の身は消滅してしまうのではないかと思うほどでした。実際、神と交わって本当の自分と出会い、永遠の存在となって悟りの中で過ごすことができるなら、死ぬこともいとわないと思っていました。

グレースが自分のまわりで美しく輝いていたのに、悟りというものはどこか遠くの「外」にあって、何かをすることでようやく手に入れることができるものだという考えにしがみついていた私は、いつかはそれを得たいと願い続けていたのです。

私はそれまでに経験してきたグレースとのすばらしい出会いを分析しては、これらはつかのまの出来事であって「本当の悟り」ではないと切り捨てていたのです。私が勝手に作り上げた悟りの像を探し求めていたので、自分が限りない存在だという経験をしていたのにもかかわらず、完全に見過ごしていたのです。

まるであの小さな若い波のように、私はすでに悟りの中で過ごしていたのに、いつかどこかで悟りを見つけて、それを体験して理解しようと探し続けていたのです。

でもある日、私にも、まるであの若い波のような現実との大衝突が起こり、その経験がすべてを変えてしまいました。その瞬間、それまで大切してきた考えが、すべて崩れ去ってしまったのです。自分が誰であるかという概念や、悟りとは何であるかという問題すら、すべてが飛び散ってしまいました。今まで必死で続けてきた探求が、どれほど無意味だったかを知る経験となりました。

概念や思い込みやイメージの目隠しを取りはずせば、いつもそこにある広い悟りの意識を知ることができたのです。

こんな当たり前のことを見逃していたのは、外にばかり目を向けていたからでした。外に目を向けるのをやめたことで、探し求めていたものがすでにここに存在していることに気付いたのです。

そして私は、この自由に満ちたグレースの海に、本当はいつも抱かれていたことを知ったのです。ただ、気付いていなかっただけだったのです。将来どこかで手に入れるものではなく、すでにここに存在していたのです。私たちをやさしく包み込みながら、その美しい光を輝かせていたのです。今この瞬間にすべての意識を向けさえすれば、簡単に知ることができるのです。過去の経験を分類してラベルを貼ったり、将来起こるかもしれない出来事を想像して心を悩ませたりするのをやめて、ただこの瞬間に身を置くと、純粋な意識がここにあるのが分かるのです。自身がすべての一部だと知るのです。

私が必死で探し求めていたものが私そのものだったとは、なんという笑い話でしょう。それを得るために、するべきことは何もなかっただけでなく、私が一生懸命につかもうとしていたことが、逆にその経験から自分を遠ざけていたのです。

それ以来私は、探し求めるのをやめて、ただリラックスすることを選びました。意識を向けさえすればいつもここに輝いている自由に、身をまかせることにしたのです。

私はいつのころからか、悟りというものは最終到着地だと思い込んでいたのです。そして一度そこに到着したら、その瞬間から永久にその状態が続くものだと考えていたのです。

悟りというものは、過去や未来にとらわれないで今この瞬間に意識を向けることだと、そのころはまだ知らなかったのです。悟りがどこかに消え去ることは、ありえないのです。悟りはあなたの本質そのものであり、今この瞬間に意識を向けさえすれば、いつでもそれを感じることができるのです。そして、もし意識を外に向けてしまったり、何か特定の概念やイメージにとらわれてしまったとしても、ただ静止して、意識を大きく広げた瞬間に、悟りがここにあることをまた鮮明に知ることができるのです。

悟りとは広く開かれた瞬間ごとの意識のことで、その広々とした空間の中に、思考が現れては消えていきます。そこに嘘が姿を現しても、最後には真実の炎で燃やし尽くされてしまいます。

その広々とした自由な意識の中で、ありとあらゆる人生のドラマが演じられているのです。

もちろん時には、私の意識がある物語の中にのめり込んでしまうこともあります。私の「外」で繰り広げられているそのドラマに自分を見失ったり、自分が波だと思ってしまうことがないわけではありません。そんな時には海を見失って、海面で起こっていることが最も大切なことだと感じてしまうこともあります。

けれど、それはただの物語であることを思い出して、ドラマを手放して静止しさえすれば、海は私をその中へ、私自身へと引き戻してくれるのです。そして限りない永遠の存在である海は、私がただそれをひととき忘れて小さい波になりきってゲームを演じていただけだということを、思い出させてくれるのです。

この海は、いつもここに存在しているのです。この大海原が、どこかに消え去ることなどありえるでしょうか？　そして、思考もドラマも人生のあらゆる出来事も、限りない「あなた」という海の海面でまきおこる大小の波でしかありません。

私自身が広い海であり、長いあいだ幻を探し求めていたことを知った日からは、海面でくりひろげられるドラマを、本気にできなくなってきました。私を海面から引き戻そうとする海の力は、抵抗するにはあまりにも強すぎるからです。

もちろん日々の人生のドラマは、相変わらず私のまわりで繰り広げられていますが、近ごろはそれらが広々としたグレースの海の中で起こっていることが分かります。現れては去って行く思考やイメージや感情を、ありのまま歓迎して迎え入れても、それらが迎え入れられるこの永遠の存在は、決して変わらないのです。

ようやく、探し求めるのをやめる時が訪れたのです。

昨日、二〇代と思われる生き生きとした男性に出会いました。彼は見るからにとても明晰な頭脳の持ち主で、真剣に真実を探し求めていることが、明らかに感じられました。

私が友人の家を訪問して出てくると、彼が私に声をかけてきたのです。私は、家に帰ってこの本を書くという、大切な〈グレース〉とのアポがあったので、この見知らぬ若者と会話をする時間はなかったのですが、彼の真剣なまなざしに思わず足を止めました。

彼は、「スピリチュアルな質問をしてもいいですか?」と話しかけてきたのです。

早く家に戻ろうと急いでいた私の中で、葛藤が起こりました。そして躊躇しながらも、彼の真剣な目に視線を向けました。そこには、心から答えを探し求めている燃えるようなまなざしがあり、それを見ると私の中の慈愛があふれてきました。私もかつては、答えを得たいという熱い思いのこもったこんな目で、師やマスターの顔を見入っていたことを思い出しました。

私は静かに立ち止まって、やさしい気持ちを込めて「どんな返事ができるか分かりませんよ」

と答えました（実際すべての答えはグレースのみが知っていて、私が彼の質問にどのように答えられるかは知るすべもありません）。

そして、「実は少々急いでいるので、手短にお願できますか？」とやさしく付け加えました。

彼の中で、どのようにこの質問を短くかつ適確にたずねようかという葛藤が起こっているのがうかがえました。そして彼は、少しどもりながら「悟りというものは……というか、誰かが悟りを開くということは……もう何も選り好みなどしなくなるということでしょうか？　つまりすべてを同等に見ることができるということですよね？　ということは……もし誰かが本当に悟っているのなら、批判をしたり、比較して選り好みをしたりということは、決してしないということですよね？」と言いました。

私が静かに彼の目を見つめて返事をしようとしたとたんに、彼がこう付け足しました。「たとえば僕がショッピング・センターに行った場合……気に入るものと気に入らないものがあったり……あるものはとても商業的に見えて好きになれなかったり……誰かの行いを見て、それが正しいことではないと批判したり……でも悟りというものは……もし本当に悟りを得ているとしたら、そこに批判が生まれたりはしないものなんでしょうか？」

そして彼は、その質問をもっと明瞭にしようと、さらにぎこちなく言葉を続けようとしました。

そこで私は「あなたが買い物に行くときに好き嫌いがあったり、時には人の行動を批判したりすることがあるということなのね?」と確認しました。

「ええ、そうなんです。でも悟りを得ていたら、そんなことは起こらないんでしょうか?」

それを聞いて、私が今までに出会った悟りを開いたマスターたちの思い出が脳裏を横切って、笑顔が浮かんでしまいました。彼らはみな、選り好みをするだけでなく、とても強烈な好き嫌いがあって、それをみんなに聞こえるように大声で表明していたのを思い出したからです。そこで私は、「あなたが言う悟りって、ここにある、この広い空っぽの存在のことでしょ?」と、まるでその存在がまわりじゅうにあって、私たちを包みこんでいるのを示すかのように、両腕を大きく広げながらたずねました。

「ええ……でもこの中で、選り好みというものが現れるものなんでしょうか?」と彼が言いました。

「もちろん、いろいろな好みが現れるでしょう。そして批判も、激しい感情も、当然のことながら好き嫌いも。でも、この永遠の存在そのものは、それによっていっさい変わることはないでしょう?」と、もう一度両腕を大きく広げながら答えました。そして、「お聞きしていると、あなたはあなた自身の批判を批判しているように聞こえるけれど、どうかしら?」と言いました。

すると彼はうなずいて、腑に落ちたという表情が浮かびました。私はこう続けました。

「もしあなたがこの、悟りの空間に現れる批判を批判するという行為をやめたとしたら、どうなると思う？　その代わりに、すべての批判を歓迎してあげたとしたら？　批判だって自由を求めているのかもしれないと思わない？　そして悟りを経験したいと、真実を語るためにやってきているのだとしたら？　批判も他のすべてと同様に、きっと自由を求めていると思うわ。だからここで、斬新なことを試してみたらどうかしら？　ただこの瞬間、静かに止まって、この広々とした空間に意識を向けて、すべての批判を心から歓迎して、自然に迎え入れてあげるの」

しばらくのあいだ、彼の目は宙を見つめていましたが、意識が内部に向けられているのが感じられました。すると、だんだん彼の体がリラックスしていくのが分かりました。

私は批判を迎え入れている様子の彼に、こう伝えました。「すべての批判をこの愛と自由の中に迎え入れて……特定の批判だけでなく、今まで持ったすべての批判、人類すべての批判、そしてあなたのご先祖様が持った批判すらもここに歓迎して、広いこの意識のままで、心を大きく広げたままで……」

そして、「どう？　この悟り、この広々とした自由や大きな愛は、批判を迎え入れたからといって、変化してしまったかしら？」とたずねました。

「いいえ……ぜんぜん変化していません」

「では、批判を迎え入れているのは誰？」と私がたずねると、彼は心をますます開いて「僕です」と答えました。

「そうよね、あなたが迎え入れているのよね。つまりあなた自身が、すべての批判を歓迎している この広々とした空間そのものということになるわよね。何も抵抗をしないで、すべてをここに迎え入れてあげたとき、その批判には何か問題があるかしら？」と私はたずねました。

「いいえ」と彼は返事をして、信じがたいという感じを込めて「いいえ、何の問題もありませんね」と付け足しました。

「もしかしたら、あなたの批判は、愛を求めていたのかもしれないわね。必要だったのは、愛の中にただ迎え入れてもらうことだけだったのかもね。この愛の空間の中に批判を迎え入れてあげたとき、何か問題を感じますか？」

「いいえ、まったく感じません」

「それなら、すべての批判を愛してあげたらいいじゃない？　あなたは何が通り抜けても変わることのないこの愛の空間のままでいて、その中に全部、迎え入れてあげればいいのよ。ありとあらゆるものが、この悟りの中を通り抜けて行くわ。感情や思考や批判や好き嫌いも。でもそれが起こっても、あなたの本質は何の影響も受けないということが分かったでしょう？」

するとと彼はますますリラックスして「ええ、分かりました」と答えました。

「それでは、私が行ってしまった後で、一つ試してごらんなさい。この広々とした存在の中にゆったりと身をゆだねたままで、数分間静かに座って、あなたが今まで持ったすべての批判を歓迎してあげるの。そして最後に何が残るか、発見してみたらいいと思うわ。あなたの批判を死ぬほど愛してあげなさい……死んでしまうほどにね」

するど彼はその比喩の本当の意味に、笑顔を浮かべてうなずきました。そして、私が去った後で、試してみると言いました。

彼は約束通りに試してみたでしょう。そして批判を愛して、すっかり「抹殺」してしまったことでしょう。

この限りなく広がる大きな愛の存在は、その中に何が姿を見せても、それを批判することは決してないので、抵抗が生まれることはありません。自然に現れたものが、そこにあるべきではないと批判されたり押し戻そうとされた時にだけ、抵抗が生まれるのです。

悟りの意識の中では何の差別も起こらないと考えていたこの若者は、正しいと言うことになります。悟りはすべてを認めて、その大きな存在の中に受け入れて、自由に通り抜けさせますが、それによって汚されたり影響を受けることはないのです。

私たちが悟りを経験することの邪魔となっているのは、実は批判だけではありません。悟りに関する概念や、凝り固まった思い込みが、私たちを悟りから遠ざけていることがあります。たとえば、長年悟りを開いたマスターのもとでこの「悟り」の経験してきた場合など、知らないままに傲慢な気持ちが生まれていることがあります。悟りというものはどのような意味をもっているのかとか、どんな姿をしているかということをすでに知っているという、絶対の自信を持つようになったりします。そしてこの「すでに知っている」という概念や自信が、目の前にあるものを見過ごす原因になっているのです。

何年も前になりますが、私自身その落とし穴にはまっていました。

私は幸運にも、真実を探し求めているあいだにたくさんのすばらしい先生に出会うことができ、グルマイというとても美しい輝く魂を持った師に七年間ついて、その教えを受けました。彼女のそばにいるだけで、すべてがグレースで息づいて輝いていることを感じました。彼女のまわりには、いつもグレースが満ちあふれていて、平凡で質素な部屋でも、彼女がそこにいるだけで、平和に満ちたすばらしい空間となるのです。

私は彼女の弟子として過ごした七年のあいだ、数え切れないほどのひらめきや新しい認識を得たり、深い幸せや驚嘆するような経験に恵まれて、そんな師の教えを受けていることを心から感謝して過ごしていました。

そして他の弟子たちと同様に、すべてをグレースに捧げて、彼女のアーシュラムやセンターで、無条件の愛による奉仕をしながら、真実に仕えることを学んできました。

私は世界で一番幸運な人間だと感じていましたが、悟りというものは、いつか将来どこか「外」

から得るものだという凝り固まった思い込みを持って、その願望を激しく燃やしていました。神に、そしてグレースに交わりたいという心からの願いは耐えられないほど強くなって、私が幸せの中に浸かっているときにさえ静まることがなく、寝ているあいだも燃え続けて、毎朝その願いと共に目を覚ますようなありさまでした。

そのころ、私と同様に真実を探し求めていた夫は、ジャイナ教のすばらしいマスターのもとで、アドバイタと呼ばれる自己内省をぜひ体験してみたいと願っていました。そして彼は、インドのデリーの北の小さな貧しい町に住む、もう五〇年以上も完全に悟りを開き続けていると噂されている老年のマスターのことを聞きつけて、ぜひ会いに行きたいと言い出しました。

その老師は人々から「最後のマスター」と呼ばれていて、彼のもとで多くの弟子たちが自由を得たと言われており、悟りを開いた多くのマスターたちが今でも教えを受けに行く人物でした。刺すように鋭い知性の持ち主で、意識の中にひそんでいるセパレーション（隔離）の概念の嘘を暴いて、悟りの階段の最後の一段を示してくれるとの評判でした。プーンジャリという名のそのマスターは、とても質素な暮らしをしていて、弟子たちは親しみと愛を込めて、パパジーと呼んで慕っていました。

グルマイの存在のもとで完全な幸せを見出していた私は、そのマスターに対して、夫のように心をひかれることはありませんでした。私がインドのラクナウにこの多大な尊敬を集めるマスターを訪ねたのは、単に最愛の夫への献身以外のなにものでもありませんでした。

パパジーの評判は、私にとってはただの噂で、それが本当かどうかにもあまり興味はありませんでした。それに、最終的には悟りを自分で得ることなど不可能で、長年奉仕した師の教えに従って修行を積み、心身とも浄化されたその時に師から授かるものだとひそかに信じていたのです。そして私は、グルマイにとって非の打ちどころのない弟子であり、悟りを授かる道を着々と進んでいると思っていました。もちろん自ら悟りを開くことが、絶対不可能だと思っていたわけではありませんが、最終的には師の恩恵にかかっていると信じていたのです。

私は、グルマイの教えに従って修行を積むという道をすでに選んでいたので、他の先生には興味がありませんでした。彼女こそが最愛の唯一の師であり、私は彼女の教えを信頼して生きていたのです。

で、しぶしぶ夫に付いてその偉大なマスターに会うためにインド北部の村を訪れた私は、そのマスターに関心がないだけでなく、軽い懐疑心すら持っていました。

ラクナウという町は、汚れた姿のみすぼらしい野良犬がうろうろして、豚は下水の流れる中に放し飼いにされ、馬は倒れるまで酷使されて、空気も公害汚染で息が詰まりそうな、貧困と病気にあふれた町で、私はこんなところに何をしにきたのだろうと思っていました。パパジーの家がこの町の郊外にあるのなら、まず美しいはずがないと思ったのを、よく覚えています。すでに何度かインドを訪れたことがある私は、この国のすばらしさを愛するようにはなっていましたが、西洋人である私の目には、この町はただの不潔な場所にしか見えませんでした。

私は、南インドにあるグルマイの、パラダイスを絵に描いたような美しいガネシュプリのアーシュラムに慣れていたので、この息もできないほど暑くて臭くて汚い村には、何の興味も持つことができませんでした。

地元に宿をとり、一夜を明かした次の朝に、ババジーのサットサンが行われるホールへ入る列の中に立っていると、二百人程度しか収容できない小さなホールの入り口では、中に早く入ろうとする人たちのあいだで、押し合いが始まっていました。そして私の目に彼らは、誰ひとりとしてマスターに敬意を表して服装を整えてきたようには見えませんでした。

マスターを待つ時には、どんなに長くても整然とした列を作り、静かに待つのが当然だと私は思っていました。そして師の教えを聞く時には、お風呂に入って身を清め、清潔で一番いい服をまとって敬意を表するものだと考えていました。けれどここにいる人たちは、だらしない、ちぐはぐな服装をした、秩序もない集団です。

マスターのまわりではどのような服装をしてどう振る舞うべきか、という規則やモラルに関する長いリストを持っていたそのころの私は、ここに集まった人たちは、師に対してはもちろんのこと、お互いや自分自身に対する敬意を表する基本的な教えすら持っていないと、すっかりあきれていました。

そして時間がくると、まるでパーティにでも行くようにドアからなだれこんで、できるだけ前に行こうとみんなが押し合い、小さなホールの石の床は、ひざが触れ合うほどぎっしりと人で埋まりました。それでも、もっと前へ詰められないかという声が、ホールに入れずに入り口で立っている人たちから上がり、中は完全なすし詰め状態になっていました。とんでもない居心地の悪さを感じながら、私の慣れ親しんだサットサンとのあまりの違いに、言葉も出ませんでした。

私の頭の中には、批判が渦巻いていました。「これが、深い尊敬を集めているマスターの前でするべき振る舞いかしら?」と私は考えていました。あのころは、なんと傲慢でうぬぼれていたのでしょう。私は師のもとで教えを聞く時には、どのように敬意を表するかを自分はよく理解していると固く信じて、この世界じゅうから集まったヒッピーの放浪者たちは、どのような態度をとるべきか見当もつかないのかと、あきれきっていたのです。

けれど、パパジーが大げさな前触れもなく会場に入ってくると、静寂が波紋のように広がり、みんなが一斉に静かになりました。

パパジーの振る舞いは謙虚さに満ちて、何ものにもこだわっていないということが明らかに分かる、ありのままの姿でした。そして彼はとても自然で、頻繁に深い笑い声をあげました。

彼のその日の教えは、以前に聞いたことがあるものばかりでしたが、弟子たちがたずねたいくつかの質問は、どう考えても無礼としか思えないものばかりで、私はそれにもまたあきれてしまいました。彼らは誰のもとに座っているか知らないのでしょうか？　悟りを開いたマスターのもとに座るということは、本当にまれなことで、どれほど幸運なことか知らないのでしょう。弟子たちは、まるでマスターの声より自分の声が聞きたいのではと思えるような大声で話し、私が慣れ親しんでいる、きちんと計画されて整然とした静かなサットサンにくらべると、まるで喜劇を見ているような気がしました。

真実を求める弟子たちがマスターの前でどう振る舞うべきかという私の固定観念から、あまりにもはずれていたのです。私は先入観と批判にあふれていたため、多くの人たちの目の中に燃えている、深い崇拝の念を見ることができませんでした。彼らからわき出てくる静けさの存在も、真実を知ることへの深い願いも、感じることができなかったのです。

でも、そのセッションが終わり、ホールを出て行くパパジーにみんなが立ちあがって両手を合わせて心からのナマステを送るころには、燃えるような静けさの中に、私もすっかり浸かっていました。パパジーは、私たちの前を通りながら、私の目を深く見つめて夫の方を向くと、私たちを昼食に招いてくれました。

私はショックと困惑で、ついまわりの弟子たちを見回しました。パパジーは彼らのことも昼食に招くのでしょうか？　けれど、やはり他の誰も招かれませんでした。私はなんとも恥ずかしい思いと同時に、言葉では言い表せないような幸せを感じました。夫と私は、彼の車のところまでついていき、走り去る車を手を振って見送った後で、ひどい砂ぼこりの道を、彼の家まで歩いて行きました。

食事用のテーブルが置かれた彼の居間は、今まで見たことがないほど質素なものでした。簡素なベニヤ板のテーブルには、ビニールのテーブルクロスがかけられて、そのまわりには古びた五〇年代の椅子がありました。その小さな居間の床には、壁に沿って不揃いなクッションが並べられていました。チカチカする蛍光灯が、質素な部屋の中を照らしていました。この部屋にある装飾品は、パパジーが旅行をしたときに集めたと思われる、聖人や風景の写真のみでした。

そのとき八二歳だったパパジーは、足を引きずりながら食卓の椅子に座ると、探求者たちから寄せられるスピリチュアルな質問の書かれた手紙の束を手にとって、静かに読みはじめました。そして彼は夫と私に食卓につくように合図をして、私たちがなぜわざわざ自分に会いに来たのかという儀礼的な質問をすると、また手紙を読みはじめました。やがて昼食の用意ができると、愛がこもった質素な食事を、特別な祈りや儀式もなく食べはじめました。

実際に、マスターのもとに座るという経験をしたことがなくても、たとえばリトルブッダやラストサムライやカンフー映画やダライ・ラマを映したニュースなどで、マスターというものがどういうものかという概念を、誰もが多かれ少なかれ持っていると思います。それは、独特の法衣をまとって聖なる場所で静かに座禅を組んでいる僧侶が、深い叡智に満ちた言葉を注意深く選ぶように語っている、というようなイメージではないかと思います。

けれどパパジーは、そのようなイメージとはおよそ違っていました。彼は、サットサンの時はクルタと呼ばれる伝統的な長めの襟付きのシャツと対のズボンを着ていましたが、家に戻ると、「バイロン・ベイ」と書かれた、きれいに洗濯されてはいますが古くなって色あせたTシャツに着替えていました。誰かがオーストラリアを訪問してほしいという願いを込めて、彼に贈ったものかもしれません。ただ単に、何も特別なところのない普通の老人が、くたびれたTシャツを着て食卓に座っているという感じで、悟りを開いたマスターという言葉から連想される雰囲気や神秘的な感じは、いっさいしませんでした。

けれど彼は、先生の先生、グルのグルと言われている存在です。私のそれまでの固定観念では、とうてい彼を理解できませんでした。

私たちの後ろの壁には、誰かから贈られたらしい古風なテレビが取り付けられていて、この家にあるすべての電化製品と同様に、時々チカチカと画面が付いたり消えたりしていました。聖なる祈りを捧げる特別な部屋があるわけでも、衣をまとった僧侶が食事の世話をしているわけでも、ぎょうぎょうしい儀式をするわけでもなく、一人のインド人の老人が、貧しい村の質素な家の中に座っているだけでした。

パパジーは、この村に滞在しているあいだは彼の家に泊まるようにと、私たちを招待してくれました。彼はちょうどジャイナ宗派の伝統に従って特別な断食をしていたので、私たちもその断食のお供をしました。（インドという土地柄、消毒薬でしっかり洗った）生の野菜と果物だけの食事をしました。私は断食には慣れていたので、何の問題も感じませんでした。

でも、なぜ私たちが招待を受けたのかは、まったくの謎でした。そして私たちが何を学ぶべきなのかも、まったく分かりませんでした。パパジーは、毎日あの集会所でサットサンをしていましたが、家では特に教えを説くわけでもなかったので、私たち二人は、八〇代の老人が、ただなんでもない普段の生活を送るのを観察する日々を過ごしていました。

そしてパパジーは、ときおり明らかに機嫌悪そうにしているかと思うと、次の瞬間には手紙に書かれている何かを読んで、声を上げて一人笑いをしたりしていました。苛立っているように見えたり、何かをじれったく感じているように見えたりすることもありましたが、やがてそれも通り過ぎていきました。手紙を読んでいて何か深く心に響くことが書かれていると、その美しさに涙を流したり、声を上げて泣いたりもしていました。

彼の意識の中をすべての人間の感情が通り抜けていくようでした。けれど、まるで生まれてまもない赤ちゃんのように、自由に軽々と感情をあらわにしても、それが張り付いて残るというようなことは、まったくありませんでした。はげしい感情が浮かび、それをしっかり感じているあいだでも、そこにある静けさは、いっさい変わりませんでした。

私たちは毎日、ただ静かに座っていました。時には話をすることもありましたし、誰かが来たといって家の中に招き入れられることもありました。けれど私たちは断食の最中だったので、他の誰かが食事に参加することはありませんでした。そして数人の弟子たちが食事の支度や掃除やその他の家事をしているあいだ、パパジーはただ無言で静かに座っているか、インドのテレビ局が放映しているクリケットの試合やレスリングの中継に見入っていました。映画が放送されるとそれを観ることもありましたが、何ひとつとして特記するようなことが起こるわけでもなく、ごく普通の人間の暮らしが営まれているだけでした。

そして断食をはじめて五日目、ただ無言で座っていると、突然、私の中にある考えが浮かんできました。それは、「この家で、騒がしいインドのテレビを好むこの老人を眺めながら何日も、私はいったい何をしているのだろう?」というものでした。そして、その次に浮かんできたのは、「でも、これは、五日目にしてはじめて浮かんだ思考だわ」という驚きでした。

私は思考のまったくない自由な意識の静けさの中で、あまりにも自然に過ごしていたので、この疑問すら浮かんでこなかったのです。純粋な存在の中にいることが、とても自然だったので、まるでいつもこうして過ごしてきたかのように、当たり前に思えていたのです。私の中で絶えまない実況放送や時事解説が起こっているわけでもなく、それを理解しようという動きがあるわけでもなく、抵抗したり、何かを想像したりしているわけでもまったくありませんでした。純粋な平和に満たされて私のマインドはすっかり休みを取っていたので、静けさと平和の中に抱きかかえられているということにすら気付かずに、ただただ純粋な存在として過ごしていたのです。

大地が揺れ動いてすべてが崩れ落ちたり、巨大な稲妻に打たれるような悟りの経験をしたわけでは、まったくありませんでした。ただ単に、思考のない静けさに身をゆだねていただけです。でもそれは、歯を磨くような慣れ親しんだ自然なことになっていました。

今まで抱えてきた悟りに関する概念も、どのように振る舞って何をするべきかという思い込みも、いっさいが消え去って、私はただ純粋な意識として、残っていたのです。

そして断食が終わった時に、私ははじめてパパジーに手紙を書いて、神と交われるように悟りへの最後の一歩を導いてほしいと頼みました。すべてが意識として息づいている中で、まだ何かと交わりたいという願いを持つことは、思えばなんとなく馬鹿げたことであると感じてはいましたが、それでも悟りを得るためにはマスターからの恩恵を受け取らなければならないという古い思い込みにしがみついていた私は、パパジーにそれを懇願せずにはいられなかったのです。

その後数日間にわたってパパジーは、私が今までいだいてきた悟りに関する嘘やファンタジーや定義やイメージや規則や思い込みを、純粋な意識だけが残るまで一つずつ根気よくはぎ取ってくれたのです。ある時は、私がどこかから手に入れた概念の愚かさや無意味さに二人で大笑いしました。またある時は、現実をしっかり見据えて、私の考えや思い込みがどこまで真実かを探り、その空っぽの概念が実際なんの根拠もないことを教えてくれたのです。

私が過去に得た啓示や神秘的な経験の話をすると、彼は「その経験は今ここにあるかい?」とたずねました。「いいえ、パパジー」と私が答えると「そんなふうに、訪れたり去ったりするものは本物ではない。いつも変わらないこの真実の中で暮らしなさい。訪れたり去ったりすることのない、永遠の存在の中で暮らすんだ」と言いました。

最後には、まるで砂で作られたお城が崩れるようにすべての概念が崩れて、この孤立したブランドンと呼ばれる誰かが実際に存在するのかどうかすら疑うことになったのです。そして私という存在すら、ただの概念であるということを知りました。悟りと呼ばれるテーブルを支えていた足が崩れて、それがどこか外にあるものだと思って今まで演じてきた探求のゲームに終止符が打たれたのです。

パパジーは、何か巨大な最後の教えを授けてくれたわけではありませんでした。私が作り上げていた数え切れない嘘と限界をあばいて、それを見せつけてくれたのです。何かを加えることではなく、捨てることを教えてくれたのです。教えや修行法やマントラや新しい概念を与えるのではなく、すべてを奪い取ったのです。そしてそこには、濁りのない意識と、純粋な輝く空っぽの空間だけが存在していました。

彼は、悟りを「開いている」人間と「開いていない」人間との唯一の違いは、本人の認識だけだと言いました。自分は悟りを得ていないという思いが、いつもここにある、限りない悟りの存在から、私たちを遠ざけているのです。ここに悟りの意識があるという確信を持ちさえすれば、どこを見てもそこに悟りを見出すことができるのです。

もしあなたが今ここで、悟りにかかわる概念をすべて手放したとしたら？　すべての概念やイメージを捨て、決め付けたり批判したりすることをやめたとしたら？　悟りにかかわるものを全部脱ぎ捨てて、そこに残るものだけに意識を向けたとしたら？

あなたはいったい何を見出すでしょう？

悟りとは、すべての思考が崩れ落ちた後に残る、純粋な意識です。それがあなたの本質で、決して変わることのないあなたそのものです。

あなたはいつも、悟りとともにいるのです。「それは不可能だ」という思い込みを捨てて、その中でただゆったりと休んでみましょう。疑問を持ったり分析したりしないで、ただその中で静止してみましょう。

これこそが真実で、平和で、生きるということなのです。

そしてそれが「あなた」です。

パパジーのもとで嘘と幻をはぎ取られる経験をして以来、この、取り除いたり、手放したり、捨てたり、はぎ取ったり、崩れ落ちたり、「死に出会ったり」というプロセスは、終わることのないものだと知るようになりました。この限りない存在を知るにつれて、思い込みや抵抗や特定の傾向やマインドゲームを、グレースはどんどん私から取りあげていくのです。その浄化は今でも続いていて、以前との違いは、それが広々としたグレースの自由の中で起こっているということです。

悟りとは、ある瞬間的な出来事ではなく、終着地でもありません。それは、限りない永遠への入り口なのです。

この愛の海の中で、私は今でも歌ったり、踊ったり、祈りを捧げたり、ヨガや瞑想を楽しんでいますが、私はそれらによって「悟り」を得ようとしているのではなく、心から楽しめる大好きなことなのでそれをしているだけです。

これらの行為が悟りを授けてくれるというような幻想は、もう持っていませんが、今でも大いに喜びを感じさせてくれるので楽しく続けているのです。そして自然の中に静かに座って、瞑想をすることも大好きです。これも、修行としてやっているわけではありません。私の中から湧き上がる深い衝動に耳を傾けて、ただ目を閉じて休むだけです。

新しい認識や経験が絶えることはありませんが、それもすべてがこの広々とした存在の中で起こっているのです。

今でも私の中で深まり続けていることがあります。パパジーは、私が純粋な広い意識そのものとして休んでいるときに、とても明確な指示をくれました。それは、「自分は何々である」という考えに住みつかないようにというもので、特に悟り関して言えることですが、それこそが私たちを縛り付ける罠だと、教えてくれたのです。

ラベルや概念のまったくないこの未知の中に、ただゆったりと自分をゆだねていれば、それで充分だということなのです。

それ以来、たくさんの人々から「あなたは悟りを開いているの?」と聞かれると、私は「知らないわ」と答えます。その質問に答えるためには「悟りというものは、何かを得た誰かである」という概念を持たなければならないので、それは「作業」であり、結果的にこの限りない存在からの隔離を生むことになるからです。

私は、未知の中の純粋な意識でいることを選んでいます。悟りはすでにここにあるので、私には必要ないのです。どこを見ても、まわりじゅうに輝いているのです。

悟りに関わる思考をすべて捨てて、この広々とした未知の中でリラックスすれば、それでいいのです。ここは終着地ではなく、ここから限りない抱擁が広がっていくのです。

プロセス⑫　自己内省

このプロセスはCDを使うか、自分で指示に従いながら試してみましょう。

あなたは、すでに自由で完全な存在です。あなたの本質は限りなく広く、そして探し求めてきた悟りの意識そのものです。いつもここに存在していることに気付いて、帰ってくるようにと、あなたに呼びかけています。

あなたが悟りを得るために何かしなければならないことは、いっさいないので、ただリラックスしましょう・・・あなたが悟りそのものなので・・・この意識はいつもここにあるのです。

このシンプルな自己内省のプロセスは、私たちが自分に関して抱いている観念の嘘を見抜いて、真実の姿に気付かせてくれるものです。とても簡単な質問ですが、張られたラベルをはがして、限りない存在であることを体験させてくれる、最も意味深くパワフルな質問だと言えるでしょう。

答えとして、最初はあなたの役割やラベルが浮かんでくるかもしれません。心を大きく開いて質問を続けていくうちに、最終的にはそれらがはがれ落ちて、何の濁りもない自由な意識と、あなたの本質のみが残るでしょう。

あなた自身の本質の経験は、言葉にならない反応として現れることがよくあります。それは、広々とした感じや限りない静けさやどこまでも永遠に続く空間などの、実体験として現れます。

この質問に、あなたの深いところへと導いてもらいましょう。

悟りの意識があなたの本質で、すべてのラベルがはがれ落ちると、そこには純粋な意識だけが残るでしょう。

それでは、数分間ゆったりと静かに座れる場所を見つけましょう。

そして、何度か深呼吸をしたら・・・ゆっくりと息を吐いて・・・もう一度深く息を吸い込んで・・・そしてゆったりと吐いて・・・またゆっくり息を吸い込んで・・・そしてしっかり吐いてみましょう。

用意ができたら目を閉じて、心を静かに広げて・・・意識も目の前にゆったりと広げて・・・後ろにも大きく・・・両側にも限りなく・・・足元にもどこまでも深く広げて・・・頭上にも大空のように限りなく広げてみましょう。

そしてこの意識の海の中で、ゆったりとリラックスしてみましょう。

それでは、子どものような純粋さで、自分にたずねてみましょう。

「私は誰でしょう?」

そしてその答えを自然にわき上がらせて・・・ますます心を開いて、答えが浮かび上がってくる、その深いところと直接つながったままで、もう一度「私は誰でしょう?」とたずねてみましょう。

そしてこの「私は誰でしょう・・・私はいったい誰でしょう？」という質問を、すべてのラベルがはがれ落ちるまで続けてみましょう・・・この海のような広い意識の中には、何が残っているのでしょう・・・さらに質問を続けて・・・この限りない存在の中にますます深く導いてもらいましょう。

すべてが限りなく広々とするまで、この質問を続けて・・・そしてただゆったりとリラックスして、その中にあなたをゆだねて・・・どっぷりと浸かって・・・あなたの本質そのものの中に入って・・・あなたという限りない海の中へと・・・そして用意ができたら目をあけましょう。

自由はいつもここにあります。
あなたは自由そのもので、そしていつも自由なのです。
この自由の中で暮らすときがきたのです。
グレースとして生きるときがきたのです。

謝辞

ジャーニーを身近なものにするために、世界じゅうで活躍してくださっている人たちが大勢います。ここでみんなの名前を書き出すことはとてもできませんが、ジャーニーで得た経験を生かし、もっとたくさんの人たちが輝けるようにと「自由」を広めている、世界じゅうの何千という美しい魂の持ち主たちに、心からの感謝の気持ちを表したいと思います。皆さんこそ「目覚めた人々」であり、その真実の光でまわりを照らしているのです。

そして、各国のオフィスで尽力しているジャーニーの中核チームは、グレースの象徴以外のなにものでもありません。皆さんの、人類に貢献したいという願いと、愛と真実に満ちた姿には、感動するばかりです。深く頭を下げて、お礼を言いたいと思います。そんな皆さんに囲まれているということは、私にとって最高の幸せです。セミナーへの参加者は、皆さんの誠実で献身的な奉仕と大きな愛にかかえられています。世界レベルで起こっている癒しに貢献している皆さんの中で、特に名前をあげて個人的に感謝をしたい人たちがいます。

ヨーロッパオフィスのギャビー、クリフ、ドリット、デニス、クレア、アーノルド、トリシア、ミカエラ、マーティン、イボンヌ、ジュリア、リチャード、サラ、マイク、ニッキー、デブス、ジョー、アナ・エバ、カレン、ベティーナ、ジョアナ、メナニー・グレース、ショーン、ヨーロッパでサポートを提供してくださっているその他多くの方たちにも、心からの感謝を贈りたいと思います。

オーストラリアとニュージーランドのジャーニーチーム、ローリー、カトリナ、アネ、モーリー、シャーリーン、ナダ、バネッサ、ビル、フィル、シャロン、サティヤ、ジャネット、バリスラバ、ジェーニー、ヨラナ、ロイ、ヤントラをはじめ、すばらしい活躍をしているジャーニー認定セラピストたちに愛と感謝を贈りたいと思います。

南アフリカでは、フェイゼルとリサと彼らをサポートするスタッフ、そしてロレイン、リンダと大勢のジャーニー認定セラピストを含む大きなジャーニーファミリーのメンバーたちに、大きな愛と感謝を贈りたいと思います。

アメリカでは、スキップ、クリスティーン、ミッシェルと、オフィスのスタッフ全員、そしてジャーニーの親善大使の役を務めるアメリカとカナダの人たちの情熱と献身と限りない愛に心から感謝したいと思います。

そして、世界各国の恵まれない地域に癒しと変化をもたらすジャーニー・アウトリーチにボランティアとして貢献してくれている多くの人たちに感謝を示したいと思います。何の見返りも期待せず、笑顔だけを代償に無条件の愛を輝かせながら、本当の癒しを可能にしてきたアウトリーチ委員会のメンバーにお礼を言いたいと思います。特にキャロリン、デビー、ポール、フィル、ビル、フェイゼル、ケビン、ギャビーとジェンには、表し切れない感謝でいっぱいです。

そしてもちろん世界じゅうにちらばったジャーニー認定セラピストが、その献身的な愛と深い理解と技術を使ってそれぞれの地域社会や家族のために貢献していることを、忘れることはできません。自らを自由に捧げつつ、ますます深いセラピーワークを提供していることに、心からの感謝を捧げたいと思います。

みんな本当にありがとう！

この本の出版と販売のために多大な貢献をしてくれた、デニス・キャンベルの情熱に感謝を贈ります。あなたの尽力は、これから何千という人たちに自由と安らぎをもたらすでしょう。

そして本書のエージェントであるインターライセンス社のマンフレッドとスー、お二人の多大な信頼と心づかい、そして献身的援助にお礼を言いたいと思います。本当にありがとう。

また、原著の出版社であるホダー社のロウェナ・ウェブと編集・出版チームに本当に感謝しています。新鮮で情熱的で形にとらわれない姿勢と、チームの心からの歓迎に、心を打たれました。

私の生涯のパートナーであり、ジャーニー・インターナショナルの経営担当役員であり、この本のみならず、世界各地で出版されているすべてのジャーニーの出版物の本当の編集者であるケビン・ビレットに心からの感謝を捧げたいと思います。あなたの鋭い目によって、不必要なものがどんどん切り捨てられて、真実のみが輝き、私たち一人ひとりに語りかける、最も質の高い内容にすることができました。あなたこそグレースに選ばれた編集者です。あなたと共にこの道を歩んで、人の役に立つことができることは、私にとって最高の幸せであり、大きな誇りです。あなたの真実に対する強い思いに、日々敬服しています。

さてここで、嘘や幻想や概念をはぎ取って、この永遠の存在である深い真実への道を私に示してくれた、師やマスターたちに深い感謝を捧げないわけにはいきません。そして、今この地球上に吹き荒れる、目覚めの嵐を巻き起こしている数多くの知られざる師やマスターにも、ここで深く頭を下げたいと思います。

私の人生において特に大きな変化をもたらした数人の師に、敬意を表したいと思います。私の中で今も息づいている教えを与えてくれた、生きた悟りの象徴とも言えるグルマイに心からの感謝を捧げたいと思います。そしてガンガジの、真実のみを語ることに対する激しい愛と、あなたの中で燃え続ける自由の炎に、深い感謝を示したいと思います。

そして、パパジー（プーンジャリ）、どのように敬意を表せばよいか分かりません。あなたの真実の光に対する感謝の気持ちで私の心はいつもあふれています。「私」に関する概念すらすべてはぎ取ってこの愛の海の中に突き落としてくれた、情け容赦ない真実の炎への感謝は、決して絶えることはありません。私の呼吸そのものが、あなたへの終わることのない感謝の祈りです。

また、私の心そのものとして、今でも私の中に生き続けるラマナ・マハラシへの限りない愛と感謝も、ここで示したいと思います。あなたのグレースが、これからも何千何万という人たちに自由を与えますように。

そして私をすばらしい師のもとへ導き、今も私の中で自由になっていないものを燃やし続けてくれる、目に見えないグレースの存在に、感謝を捧げたいと思います。

最後に、皆さん一人ひとりが、この自由の現れを邪魔するすべてのものを燃やし続け、美しいグレースのみとなりますよう、心からの祈りを捧げます。

私たち誰もが、自由とグレースに抱かれて暮らせますように。

訳者あとがき

――カーンドーフ・さやか

それは、二〇〇八年の八月最後の週末に開催された、日本で二度目のマニフェスト・アバダンスリトリートで通訳兼トレーナーを務めていた際のことです。ジャーニーの基礎を体験する初級セミナーに続くレベルとなるこのセミナーは、多くの願いや夢が短期間に実現することで知られる人気のセミナーなのですが、そこで参加者の方々が、本来の自分らしさと豊かさを手に入れたいという心からの願いを込めて、古い感情や思いとしっかり向き合っている姿を見て、私は深く心を打たれました。そして、ぜひ本書の翻訳をしたいという思いに駆り立てられました。なぜなら、彼らのこの願いこそ、〈自由〉への願いであると感じたからです。

国際的なベストセラーとなったブランドン・ベイズの前著『癒しへの旅』には、彼女自身が体験した心と体のレベルにおける癒しの旅の記録と共に、その癒しを可能とした感情の解放と許しの手法を体系化した親しみやすいプロセスが含まれており、その画期的な手法を多くの人々とシェアしたいという彼女の愛が満ちています。この本は、単に肉体のレベルでの癒しにとどまらず、私たちが自らの本質に戻ることを呼びかけ、それを可能にする具体的なツールを提供してくれる、すばらしい手引き書となりました。

それに対して本書は、ジャーニーの基礎であるツールとしてのプロセスワークを超えて、さらに上級のセミナーに進むことで触れることのできる、ブランドン自身の叡智にあふれています。それらは、時には子どものような純粋さであり、時には自分をしっかりと見つめて真実と自由を探し求めてきた経験のみから生まれる謙虚さや厳しさであるなど、まさに彼女の「あり方」に触れることができる本なのです。

私にとっても、今なお学ぶことが絶えない彼女のあり方には、すばらしいものがあります。あなたがすでにジャーニーに親しんでいるかどうかに関係なく、多くを学び、自分らしさを見つけることができる本だと言えるでしょう。

ブランドンが身を置いている自由の中には、静けさと愛とインスピレーションがいつも存在しています。その自由は、その場に意識を向けさえすれば容易に感じることができますが、言葉でそれを説明するのは、なかなか容易なことではありません。この壮大な自由というものを、ひと言で表す言葉が存在しないからかもしれません。

そこで彼女は、九つの視点を通して私たち誰もが求めている自由を見つめ、そんな自由の中で暮らすことを妨げている障害を取り除く道を示してくれます。

その九つの香りは、あなたにとって、容易に納得できるものもあるでしょうし、意外に思うものもあるでしょう。けれど、ゆったりとした意識で読み進んでいくうちに、自由は、毎回違ったその美しい姿を現してくれます。

彼女の訓話やエピソードは、私たちの奥深いところに語りかけてきます。そして、同じ話でも読むたびに違った認識を与えてくれます。また、誘導内観やワークは私たちの魂そのものへの質問であり、問いかけるたびに新鮮な理解をもたらしてくれることでしょう。

今回、私自身も、「翻訳をする」という、以前とは違った角度で本書に触れることで、日々の暮らしの中で具体的に変えるべきことに目を向けさせられたり、多くの学びや自由に関する新しい認識を与えられたことを、本当に幸運に思っています。

本書を、皆さんの親しい友として身近に置いていただき、さらに多くの自由を体験する旅へと出かけていただければ幸いです。そうすればやがては、あなたの本質そのものであるこの自由は自然にあなたの一部となり、より多くの可能性が開花することでしょう。

最後に、次々と私に新しいチャレンジを与えてくれるグレース、自由と真実を愛する生き方を見せてくれるブランドン、日本にジャーニーを紹介し、本書の翻訳を可能にしてくださったダイナビジョンの皆さま、出版にご尽力いただいたハート出版の皆さま、生まれたての日本のジャーニーコミュニティの仲間たち、ジャーニーに出会う機会を与えてくれた父とキャンプファイアーの脇で共に暮らしてくれる娘、いつも深い愛で見守ってくれているだけでなく本書の翻訳に関して的確で貴重なアドバイスを与えてくれた母と、その母をいつも支えている弟に、心から感謝を捧げます。

本当の自由を経験してほしいと思う方へ
ぜひこの本をご紹介ください

本書あるいはセミナーを含めたジャーニー全般に関するお問い合わせは、日本語によるジャーニーのホームページ http://www.thejourneyjapan.com をご覧ください。もっと深くジャーニーのワークを知りたい方は、まず前著『癒しへの旅』（ＰＨＰ研究所）をお読みいただき、ワークショップでこのパワフルなワークをじかに経験されることをお薦めします。またはジャーニー認定プラクティショナーとの個人セッションを受けられることをお薦めします。

ブランドン・ベイズは世界各地で１年52週間のうち44週間、セミナーでの講師を務めております。スケジュールに関しては、上記日本語サイトのリンクからジャーニーのメインサイト（英語）をご覧ください（http://www.thejourney.com）。世界各地のジャーニーのホームページへのリンクも、このサイトからご覧いただけます。

イギリスオフィス（本部）
PO Box 2
Cowbridge
CF71 7WN
UK
電話：0845 890 400（イギリス国内のみ）
+44 (0) 1656 890 400
Fax： +44 (0) 1446 775 720
E-mail：infoeurope@thejourney.com

オーストラリアオフィス
PO Box 2015
Byron Bay
NSW 2481
Australia
電話：130 30 44 14（オーストラリア国内のみ）
+61 (0) 2 6685 9989
Fax： +61 (0) 2 6685 9979
E-mail：infoaustralia@thejourney.com
※日本はオーストラリアオフィスの管轄です。

各地で開催するセミナーのほかに、ブランドン・ベイズは正式登録されたチャリティであるジャーニー・アウトリーチに多大な愛とエネルギーを注いでおり、世界各地の学校、刑務所や少年院、薬物乱用等からの更正施設や、部族社会に根付いた厚生施設に対して、革新的なワークを提供しています。これらの活動はすべてセミナーからの収入と参加者・賛同者からの寄付でまかなわれています。地域社会に現実的かつ具体的な貢献をしているジャーニー・アウトリーチの活動については http://www.journeyoutreach.com をご覧ください。

◇著者◇
ブランドン・ベイズ（Brandon Bays）
アンソニー・ロビンズやウェイン・ダイアーなど、自己啓発の分野における世界的リーダーたちとともに講演家として活躍。1992年、腹部にできたバスケットボール大の腫瘍を自らの力で自然治癒させたことをきっかけに、独自のプロセスワーク「ジャーニー」を開発。その著書は100万部を超えるベストセラーとなった。現在も世界各地で精力的にワークショップやリトリートを開催し、人々が自己の真実と完全さに目覚めることをサポートしている。現在はイギリス在住。http://www.thejourney.com/

◇訳者◇
カーンドーフ・さやか（Sayaka Carndorf）
代替医療セラピストとして活動していた2001年に、著者ブランドン・ベイズの本に出会う。他のセラピーとは違った、エレガントでかつ深い癒しを与えてくれる「ジャーニー」のワークに魅了され、2002年にプラクティショナー認定プログラムを受講。以来、世界で最初の日本人ジャーニー・セラピストとして活動中。ブランドン・ベイズに指名されて2009年からはジャーニーの日本語プレゼンターも務めている。イギリス在住。

翻訳協力：四本百合香（株式会社ダイナビジョン）

※著者ブランドン・ベイズおよびプレゼンターによる日本でのセミナー、ワークショップについてのお問い合わせは、http://www.thejourneyjapan.com まで。

心の自由を探す旅

平成22年9月29日　　第1刷発行

著　者　ブランドン・ベイズ
訳　者　カーンドーフ・さやか
装　幀　フロッグキングスタジオ
発行者　日高裕明
発　行　株式会社ハート出版
〒171-0014 東京都豊島区池袋3-9-23
TEL03-3590-6077　FAX03-3590-6078
ハート出版ホームページ　http://www.810.co.jp

乱丁、落丁はお取り替えします。その他お気づきの点がございましたら、お知らせください。

Printed in Japan　ISBN978-4-89295-652-2
印刷・製本 中央精版印刷株式会社

好　評　既　刊

あなたの中のスピリチュアルな友人
〈からだ〉の声を聞きなさい
リズ・ブルボー 著　浅岡夢二 訳　本体1500円　ISBN4-89295-456-X

病気と不調があなたに伝える〈からだ〉からのメッセージ
自分を愛して！
リズ・ブルボー 著　浅岡夢二 訳　本体2100円　ISBN978-4-89295-574-7

もっと自分を愛してあげるために
〈からだ〉に聞いて 食べなさい
リズ・ブルボー 著　浅岡夢二 訳　本体1500円　ISBN978-4-89295-669-0

ステップ・バイ・ステップで「夢」を「現実」にする方法
直観力レッスン
リン・A・ロビンソン 著　桑野和代 訳　本体1500円　ISBN978-4-89295-554-9

〈いま〉を強く生き抜くために
ホワイトウルフの教え
ホワイトウルフ 著　葉祥明 編　本体1000円　ISBN978-4-89295-639-3

天使はいつもあなたのそばに
エンジェル・イン・マイ・ヘア
ローナ・バーン 著　壁谷さくら 訳　本体1800円　ISBN978-4-89295-662-1

一日の始まりに。一日の終わりに。
シルバーバーチ 今日のことば
近藤千雄 訳・編　本体1300円　ISBN978-4-89295-591-4

未知領域への扉を開く夢の技術
ヘミシンク入門
坂本政道・植田睦子 共著　本体1300円　ISBN4-89295-549-3